# MEDITAÇÃO

Um Guia Perfeito Para Obter Paz E Felicidade Interior

(Como Superar O Medo, A Raiva E A Depressão)

**Davi Alves**

Traduzido por Daniel Heath

**Davi Alves**

*Meditação: Um Guia Perfeito Para Obter Paz E Felicidade Interior (Como Superar O Medo, A Raiva E A Depressão)*

ISBN 978-1-989837-32-0

## Termos e Condições

De modo nenhum é permitido reproduzir, duplicar ou até mesmo transmitir qualquer parte deste documento em meios eletrônicos ou impressos. A gravação desta publicação é estritamente proibida e qualquer armazenamento deste documento não é permitido, a menos que haja permissão por escrito do editor. Todos os direitos são reservados.

As informações fornecidas neste documento são declaradas verdadeiras e consistentes, na medida em que qualquer responsabilidade, em termos de desatenção ou de outra forma, por qualquer uso ou abuso de quaisquer políticas, processos ou instruções contidas, é de responsabilidade exclusiva e pessoal do leitor destinatário. Sob nenhuma circunstância qualquer, responsabilidade legal ou culpa será imposta ao editor por qualquer reparação, dano ou perda monetária devida às informações aqui contidas, direta ou indiretamente. Os respectivos autores são proprietários de todos os direitos autorais não detidos pelo editor.

Aviso Legal:

Este livro é protegido por direitos autorais. Ele é designado exclusivamente para uso pessoal. Você não pode alterar, distribuir, vender, usar, citar ou parafrasear qualquer parte ou o conteúdo deste ebook sem o consentimento do autor ou proprietário dos direitos autorais. Ações legais poderão ser tomadas caso isso seja violado.

Termos de Responsabilidade:

Observe também que as informações contidas neste documento são apenas para fins educacionais e de entretenimento. Todo esforço foi feito para fornecer informações completas precisas, atualizadas e confiáveis. Nenhuma garantia de qualquer tipo é expressa ou mesmo implícita. Os leitores reconhecem que o autor não está envolvido na prestação de aconselhamento jurídico, financeiro, médico ou profissional.

Ao ler este documento, o leitor concorda que sob nenhuma circunstância somos responsáveis por quaisquer perdas, diretas ou indiretas, que venham a ocorrer como resultado do uso de informações contidas neste documento, incluindo, mas não limitado a, erros, omissões, ou imprecisões.

# Índice

Parte 1 .................................................................. 1

Introdução ............................................................ 2

Capítulo 1 – Livrando-Se Da Negatividade ..................... 6

Capítulo 2 – Aprendendo Técnicas De Respiração ............ 13

*"A Dor É A Quebra Da Casca Que Contem Sua Compreensão." ~ Khalil Gibran* .................................. *13*

Capítulo 3 – Tipos De Meditação Para Iniciantes .............. 19

*"Se O Seu Coração É Um Vulcão, Como Desejar Que Flores Desabrochem?" ~ Khalil Gibran* ................................. *19*

Capítulo 4 – Enfrentando O Medo ............................... 26

*Como O Medo É Substituído Durante A Meditação.* .......... *28*

Capítulo 5 – Esvaziando A Negatividade ....................... 33

*"Nós Escolhemos Nossas Alegrias E Dores Muito Antes De Experimentá-Las." ~ Khalil Gibran* ................................ *33*

Capítulo 6 – A Humildade Na Meditação ...................... 40

Capítulo 7 – Preparação Para A Meditação .................... 46

Capítulo 8 – Meditação Na Prática .............................. 52

Conclusão ............................................................ 58

Parte 2 ................................................................. 61

Por Que Você Deveria Ler Esse Livro? .......................... 62

Capítulo 1 ............................................................ 64

A História Da Meditação Mindfulness .......................... 64

O Significado Do Mindfulness .................................... 65

Primórdios Budistas .......................................................... 66

Psicologia ........................................................................ 67

Como A Meditação Mindfulness Surgiu ........................... 70

- Capítulo 2 - .................................................................. 74

Os Benefícios Da Meditação Mindfulness ....................... 74

Estudos De Apoio À Meditação Mindfulness .................. 75

Como O Mindfulness Pode Melhorar Sua Vida ............... 77

- Capítulo 3 - .................................................................. 85

Aplicando O Mindfulness Na Vida Diária ......................... 85

Aproveite O Prazer De Estar Sozinho .............................. 85

Passar Tempo Na Natureza .............................................. 87

Pratique Ser Grato A Cada Dia ......................................... 88

- Capítulo 4 - .................................................................. 93

Meditação Da Respiração Consciente ............................. 93

- Capítulo 5 - .................................................................. 98

Meditação Sentada ......................................................... 98

Encontrando A Posição Certa Para Sentar ...................... 99

Sentando-Se No Chão ................................................... 101

Como Praticar A Meditação Sentada ............................ 104

- Capítulo 6 - ................................................................ 109

Meditação Mindfulness Para Relaxamento Profundo .... 109

- Capítulo 7 - ................................................................ 119

Meditação Mindfulness Para Lidar Com A Ansiedade .... 119

Meditação Mindfulness Guiada Para Lidar Com A Ansiedade
..................................................................................... 121

- Capítulo 8 - .................................................................... 125

Meditação Mindfulness Para Ajudar A Lidar Com Dores Físicas ............................................................................. 125

Como Lidar Com A Dor Física Através Da Meditação Mindfulness ...................................................................... 126

- Capítulo 9 - .................................................................... 132

Meditação Mindfulness Para Controlar A Raiva .............. 132

Como Controlar A Raiva Através Da Meditação Mindfulness ......................................................................................... 134

- Capítulo 10 - .................................................................. 139

Como Permanecer Motivado A Praticar A Meditação Mindfulness ...................................................................... 139

Conclusão ......................................................................... 147

# Parte 1

## Introdução

Você já se perguntou como as pessoas conseguem se manter calmas? Há, certamente, alguma coisa no modo de agir dessas pessoas que, ao se comparar a elas, você acredita que suas tentativas de manter a calma parecem pífias. Ansiedade, raiva, medo e depressão, são facetas visíveis de quem vive uma vida sem autocontrole. São elementos negativos que nada agregam a sua vida, e, ainda assim, estão lá – te encarando desafiadoramente todos os dias, e mais do que prontos para fazer com que você se sinta uma pessoa inadequada.

Por que as pessoas permitem que isso aconteça? O fato é que atualmente a sociedade faz juízo de valor de todas as coisas, inclusive de quanto você mesmo vale. Ao sentir que sua vida não atende a tais expectativas, é fácil tornar-se infeliz, desenvolver problemas de autoestima e experimentar a ansiedade. O medo pode se aprofundar com a inclusão de todas essas sensações de insegurança que, agora, você passa a enxergar como características de sua própria personalidade. "Eu jamais conseguirei fazer isto!" é um clássico sinal de medo. É claro que você é capaz de fazer muito mais do que pensa. No entanto, a vida tem lhe dito justamente o contrário; certos medos vêm de muito tempo, desde a infância, e permaneceram entranhados em nós enquanto crescíamos.

A raiva é uma força negativa. Ela distorce sua visão do mundo. Todos os dias você costuma ver as mesmas coisas, mas certas coisas – alguma ação de outra pessoa – ou a injustiça, acabam provocando seus sentimentos de raiva. O que nós não enxergamos antes de iniciar a jornada pela meditação, é que todos os elementos negativos aos quais as pessoas se agarram em seus estilos de vida, acabam por prendê-las ao passado. Embora você pense que a raiva está direcionada à injustiça, a maior das injustiças é você ainda não ter aprendido sobre como a raiva lhe afeta e interrompe o seu crescimento emocional e espiritual.

O objetivo deste livro é ajudá-lo a reparar isso. Quando iniciei a jornada, eu era um jovem zangado e com uma pesada bagagem emocional nas costas. E deixei isso me guiar em inúmeras ocasiões, pois ainda não sabia que esse fardo só viaja com você quando tem a sua permissão. Quando se aprende a meditar, abandona-se toda essa bagagem em prol de um avanço para algo bem mais valioso. Aprende-se a sorrir com o coração, e isso acontecendo, você entende o motivo pelo qual desejo muito compartilhar essa experiência com os leitores.

A Meditação ajuda a abandonar todas as áreas negativas de seus processos mentais, e ensina como aperfeiçoar as positivas. Então, aperte os cintos, pois a jornada será longa. Pense nisso desse jeito. Foram anos de vida até você se tornar quem é hoje. As mudanças que verá serão graduais, mas sustentáveis. Conforme aprenda a deixar a meditação entrar na sua vida, todas as feridas do passado, inseguranças, depressões, raiva e ansiedade serão algo com as quais não precisará mais conviver. Sua vida se tornará mais rica e seu espírito mais forte. O presente livro foi escrito por alguém que fez a jornada e cuja vida melhorou além do que se poderia aferir. As palavras são sinceras e significativas, baseadas na minha experiência e irão ajudá-lo a encontrar paz interior e felicidade.

## Capítulo 1 – Livrando-se da negatividade

"Do sofrimento emergiram as almas mais fortes; os caracteres mais sólidos estão marcados pelas cicatrizes." ~ Khalil Gibran

Em minha jornada na busca da felicidade e do controle dos níveis de stress que esperava ter que lidar diariamente, não imaginava que as respostas estavam em mim mesmo. Uma de minhas lições foi dada pelos escritos de Khalil Gibran, pois esse filósofo libanês era bem inteligente com palavras que me fizeram enxergar onde eu estava errando na vida. O estresse estava me devorando por dentro. A negatividade do meu cotidiano era uma parte de mim. Eu tinha uma bagagem pesada sendo carregada desde muito tempo – tanto na área profissional quanto na pessoal – e dava a impressão de que aquilo era a parte mais significativa da minha vida. Seus processos mentais ficam ruminando todos os eventos que lhe provocaram feridas ou estresse. No local de trabalho, isso se traduz em ressentimentos represados ou medo quando você acredita que nada pode fazer. Pessoas maltratam outras e, embora não produzam ferimentos físicos, tais ações, em razão dos processos mentais que se seguem, deixam cicatrizes em sua personalidade.

Veja a afirmação acima e, mesmo que nada signifique para você agora, ela se tornará algo bem compreensível, uma vez entendido que todo o sofrimento pelo qual passou aconteceu em razão de suas percepções sobre a vida. O chefe lhe tratou mal e o sobrecarregou de serviços. O namorado traiu você. Você fica com medo de dar o próximo passo na vida porque sofreu no passado. Sempre há algo lhe prendendo ao passado, e você nunca percebe que não é um fator externo. Está tão emaranhado na negatividade que não consegue enxergar além daquilo. Eu me lembro de pensar o quanto eu tinha sido maltratado no meu trabalho. Me lembro de rezar à noite para dar a sorte de encontrar algum tipo de solução; foi na meditação que aprendi que não se tratava de uma questão de sorte. Quando nos deparamos com alguém que possui todos os atributos que gostaríamos ter e nos sentimos inferior, é apenas a nossa percepção. Da mesma forma, quando você sente raiva, ansiedade ou estresse, é a sua **própria percepção** que provoca esse sentimento.

Embora pessoas com baixa autoestima achem que isso tenha se originado de críticas, é a maneira como essas críticas foram recebidas é que resultou nas questões relativas a autoestima. A meditação ajuda você a colocar as coisas sob perspectiva e avançar com sua vida. Eu costumava encarar isso como algo que as pessoas fariam ao longo do tempo, mas aprendi por meio de meus próprios estudos de meditação que não é tão simples assim. Sim, precisa-se de tempo para aprender a meditar, mas quando se ultrapassa a barreira que se interpõe entre o estresse e a felicidade, você começa a ver que o tempo usado na meditação é apenas uma ferramenta para se tornar uma pessoa melhor. Isto é tudo o que a meditação significa. Não se destina aos privilegiados, ou aos espíritos livres. É para todo mundo, mesmo para aqueles cujas cicatrizes parecem incuráveis. Há alguns anos, uma amiga me procurou com problemas que pareciam enormes. Estava a ponto de ter um colapso de tão ansiosa. Não conseguia ver nada além da negatividade em sua vida e, enquanto ela descarregava toda aquela carga em cima de mim, me ocorreu que minha amiga precisava de um guia capaz de afastá-la daquele lado sombrio de sua existência. As observações que escrevi ajudaram-na a construir um caminho que a distanciaram daquela rotina na qual se embrenhara.

Não foi um processo rápido, mas tenho usado aquelas notas feitas para a minha amiga como base para este livro, pois, se encontrá-la agora, verá um ser humano confiante, feliz e equilibrado que, como eu, trilha o caminho da meditação e descobriu não importar a quantidade de cicatrizes trazidas do passado. Elas não definem quem você é. Apenas o jeito como se decide levar a vida é que importa, e a meditação é um modo de vida que ajudará a se livrar das amarras da negatividade.

Os elementos negativos que destroem você.

Toda vez que você tem um pensamento negativo, ele devora uma parte de sua personalidade. Ao iniciar a meditação, a ideia é estar alerta para os elementos negativos e eliminá-los de sua vida.

Apesar de soar de uma simplicidade assustadora, a negatividade destrói qualquer chance de que você alcance a felicidade. Assim, quando passarmos pelos exercícios dos capítulos adiante, enfatizaremos a positividade e a importância em examinar a sua vida para identificar os elementos negativos interiores que lhe trazem estresse, infelicidade ou até mesmo a depressão. Vamos encarar os negativos porque é necessário conhecer o que são, e então trabalhar para eliminá-los. A meditação será de grande ajuda nesse processo, pois quando se medita, foca-se a mente em coisas que não são negativas e o resultado é uma visão sobre a vida a partir de um ângulo diferente, no qual capacitamo-nos para enxergar o lado positivo de qualquer situação.

Antipatias, ameaças, pensamentos depressivos, inveja, ira, medo, rancor Obviamente, são todos sentimentos negativos. Quando você se ocupa com sentimentos desses tipos, deixa menos espaço para a positividade dentro de sua mente. Você precisa reconhecer seus sentimentos e trabalhar a fonte de suas ansiedades, pois até fazer isso, não será realmente capaz de lidar com eles para que fiquem no passado. Antes de ensinarmos a meditar, tente escrever essas sensações negativas que tem sentido, mostrando assim que você consegue reconhecê-las. Talvez isso lhe amedronte. Escreva o por quê ao lado da palavra medo. Talvez você não consiga colocar palavras em alguns desses sentimentos que lhe afligem, mas saberá o que ele é. A meditação ajudará consideravelmente, pois suportará seus passos em uma ponte que lhe afastará dos elementos negativos que cercam sua vida. Agora imagine-se de pé em cima de uma pedra bem no meio de um rio. Não existem outras pedras por perto; nesse cenário, você não poderá sair do lugar. É onde você se encontra exatamente agora. A meditação lhe afastará dessa pedra, ajudando-o a encontrar seu caminho para a margem onde suas escolhas serão ilimitadas. Nomeie os aspectos negativos de sua vida. Veja-os em preto e branco, quer sejam a raiva, inveja ou ansiedade – a meditação ajudará a colocá-los sob perspectiva de obstáculos que o separam da felicidade.

## Capítulo 2 – Aprendendo técnicas de respiração

"A dor é a quebra da casca que contem sua compreensão." ~ **Khalil Gibran**

Lendo a citação acima, perceberá a astúcia que ela expressa. O que está sendo dito é que toda a dor que lhe aflige é normal. Uma reação esperada ao estímulo. Assim, quando você sente toda a negatividade que possui, o processo de cura tem início, bem como a compreensão para uma vida melhor. A maneira como você respira também ajuda a aumentar seu nível de compreensão sobre o porquê de sentir tais coisas negativas, e o que elas estão fazendo contra o seu corpo e mente. Começar a jornada para entender o significado da respiração é essencial para uma meditação bem-sucedida.

Escrevi o presente livro em uma ordem específica porque não posso pular diretamente para a meditação, esperando que ela funcione. Existem muitas distrações em sua vida, e você deverá saber como se distanciar disso tudo e aprender a maneira correta de respirar. Eu costumava rir disso com meu professor, pois, na realidade, jamais considerei o ato de respirar como algo que deveríamos fazer de forma consciente. Afinal, tinha vivido todos aqueles anos de minha vida para que, agora, viessem me dizer o quão pouco eu conhecia sobre respiração. Não poderia estar mais errado. Pessoas muito ansiosas recebem um saco de papel para que respirem lá dentro, acalmando seus temores. Isso não é um conto da carochinha. Realmente funciona, pois quando se está tenso, tende-se ao excesso de oxigenação, significando que você respirou mais rapidamente e deixou entrar muito ar dentro de seu corpo, ativando o modo de estresse. Sua pressão sanguínea aumenta e eleva ainda mais o estresse.

Inconsciente disso, toda vez que você sente negatividade acaba reagindo da mesma forma. Como acha que a raiva se manifesta? Talvez você responda raivosamente a alguma coisa, mas ao permitir que essa raiva o atormente, acaba por não respirar corretamente e todo esse oxigênio extra em seu corpo o faz reagir de forma irracional, pois é isso que esse elemento químico em excesso provoca. Pense em seu corpo como uma máquina. Fornecer-lhe muito combustível e fazer com que trabalhe no limite não significa que o resultado será efetivo. Você poderá sentir que não está conseguindo ar suficiente. Pode ser que você sinta que não está respirando da maneira apropriada, mas o fato é que o saco de papel dado às pessoas para que respirem dentro, baixa o nível de oxigênio de forma a eliminar a sensação de pânico. Quando se hiperventila, significa que todos os seus ventrículos sanguíneos reagiram de forma exagerada. É quando o pânico se instala e você sente que perdeu o controle.

Está ficando cada vez mais comum as pessoas respirarem pela boca e não pelo nariz. Observe um fumante - o ato de fumar encoraja o hábito de inalar pela boca. Alguns não-fumantes também fazem isso acreditando, erroneamente, que captam mais ar quando trocam o nariz pela boca nesse ato. Você precisará praticar a respiração profunda, pois isso lhe ajudará durante a meditação.

Exercício de respiração profunda

Para essa prática, deite-se na cama e tente usar apenas um travesseiro, e não dois. A razão para isto é que quanto mais elevada estiver sua cabeça, menor a abertura de sua traqueia, dificultando a respiração. Você já deve ter notado em programas de TV, as equipes de emergência colocando a cabeça de um paciente para trás, de forma a permitir a inserção do tubo que ajudará na respiração dessa pessoa. É fácil inserir esse tubo quando a cabeça está no ângulo correto; assim como ficará fácil você respirar com a cabeça um pouco para trás.

- *Inspire pelo nariz enquanto conta até 8*
- *Prenda a respiração e volte a contar até 8*
- *Solte a respiração pelo nariz enquanto conta até 10*

Enquanto inspira e expira dessa maneira, preciso que sinta o ar na parte superior do diafragma; quando expirar perceberá um leve movimento de balanço no diafragma.

Coloque sua mão lá e tome consciência disso. Pratique por vários dias antes de sequer tentar a meditação. A razão é que esse método respiratório precisa se tornar natural, de forma que durante o ato de meditar você não sinta desconforto ao mudar o modo como respira, e se concentre ainda mais na prática da meditação.

Agora tente isso. Aperte seu polegar sobre a narina esquerda. Inspire com a narina direita. Prenda a respiração enquanto muda a posição do polegar para a narina livre. Expire pela narina recém-descoberta. Deverá fazer esse exercício sentado, repetindo-o 9 vezes. Esse tipo de respiração é chamado *Nadi ShodhanPranayama,* e é muito benéfico antes de uma sessão de meditação. Ele concentra sua mente no "agora", ajudando a prepará-la para a meditação. Também é um excelente exercício para equilibrar diferentes áreas do cérebro responsáveis pelos pensamentos emocionais e lógicos. É usado para auxiliar a *"prana"* a fluir sem esforço através de seu corpo. "*Prana*" é a força da vida e, assim, como resultado desse tipo de exercício respiratório, você se sentirá melhor, mais alerta e equilibrado, sendo capaz de se concentrar. O aspecto mais importante desse tipo de respiração é que você jamais deverá sentir que está fazendo algum esforço nesse ato de inspirar e expirar. Deverá ser suave e relaxante. E claro, não é natural apertar o polegar contra uma narina, deixando a outra trabalhar sozinha, mas insista nisso devagar e gentilmente com você mesmo, e logo colherá os benefícios da prática.

## Capítulo 3 – Tipos de meditação para iniciantes

"Se o seu coração é um vulcão, como desejar que flores desabrochem?" ~ **Khalil Gibran**

Existem vários tipos de meditação. Prático dois deles e acredito que sejam os mais benéficos para uma pessoa ocupada e com estilo de vida agitado. Em vez de sobrecarregar você com muita informação sobre os tipos de meditação, acredito ser mais proveitoso abordar os principais para que, vendo por si mesmo no que a meditação consiste, possa escolher dentre esses tipos o que mais se ajustar ao seu estilo de vida.

Meditação Mantra

Na Meditação Mantra, normalmente você aprenderá a meditar em grupo. Um professor lhe dará um mantra, ou palavras que nada significarão para você, mas que será significativo em termos de sua individualidade e adaptados à sua data de nascimento e a outros elementos. Entretanto, ao praticar sozinho a meditação, poderá escolher mantras mais simples, tais como "Ommm." Você deve ter escutado isso sendo usado e talvez o esteja associando aos monges budistas, ou mesmo aos entusiastas da Ioga. A razão de ter uma palavra que nada significa é para que não possa ser associada a nenhum outro pensamento. Você se concentra nessa palavra enquanto medita, e não desenvolve uma corrente de pensamentos geralmente originados por palavras de sons familiares. Essa prática lhe ajudará a concentrar-se em si mesmo. Sentado de modo confortável, que pode ser uma versão mais fácil da posição de lótus, entoa-se a palavra e inspira enquanto medita. A meditação significa cessar as palavras do pensamento, permitindo-se alcançar o relaxamento proporcionado pela prática. Esse é um bom tipo de meditação para as pessoas que possuem a mente hiperativa.

Meditação Ioga

Nessa prática meditativa a pessoa fica sentada e se concentra na própria respiração. Cada inspirar e expirar conta como um só ato, e conforme se concentra no fluxo da respiração, segue essa contagem até dez e no final retorna-se ao um novamente. É recomendada para os que possuem disciplina suficiente e são capazes de compartimentalizar seus pensamentos. Ou seja, pessoas que já conseguem controlar suas emoções são as mais aptas para essa modalidade. Eu sou uma delas, e sempre foi fácil para mim fazer cara de determinado quando necessário, muito embora, antes de começar nesse tipo de meditação, eu ainda tivesse todos aqueles pensamentos negativos circulando nos bastidores da minha mente. A meditação Ioga pode ser feita de forma solitária, ou em uma classe. O aspecto positivo sobre as classes é a solidariedade que você sente entre o grupo de estudantes – todos em busca de um melhor entendimento da vida e de como seguir adiante. A vantagem de praticar sozinho é que você determina o seu tempo e como incorporá-la em sua vida.

Meditação em movimento

É o terceiro tipo de meditação que pratico quando necessário. Tendo adquirido a disciplina da respiração correta, ao se deparar com situações de raiva ou discussões violentas você poderá usar essa prática para recuperar a calma e retornar ao estado normal de equilíbrio. Para esse tipo de meditação você caminha e mantém o olhar para baixo. Deve ser feito com os olhos abertos, pois a última coisa de que precisa é tropeçar em algo, mas os olhos deverão estar focados no chão. A ideia é que enquanto se caminha, não haja distração, portanto deverá ser praticada em locais relativamente calmos. Provavelmente você já teve a oportunidade de ver homens de negócios caminhando para cima e para baixo dentro dos escritórios. Talvez eles não estivessem conscientes disso, mas estavam usando a meditação para ajudar na resolução de algum tipo de problema. A meditação real será mais eficiente, e esse tipo é útil quando não se está em casa, enfrentando problemas com os quais não estamos sabendo lidar. Novamente, métodos respiratórios são importantes, e o caminhar pode ajudar algumas pessoas a obterem respostas para questões muito difíceis para elas enquanto gastam a energia nervosa em movimentos positivos.

Meditação da mente plena (*Mindfulness*)
Incorporei essa prática na minha rotina de meditação, usando-a para inspiração. Muitas das coisas ao seu redor mal são notadas. Provavelmente, você nem repara nas minúsculas gotas de orvalho depositadas todas as manhãs sobre a grama. As rosas que desabrocham dos botões, ou são as mudanças de estação que passam desapercebidas, pois você está tão ocupado com a sua vida, que não enxerga os aspectos positivos da natureza e o que acontece ao seu redor. Mal tem tempo de parar e apreciar a sua comida; com esse método da mente plena, você desligará esse seu mundo agitado e, ao começar a perceber tudo ao redor, ficará verdadeiramente impressionado.

Significa perceber tudo. Você está rodeado por coisas que sua mente zangada ou ansiosa é incapaz de captar, já que está preenchida com negatividade. Exemplificando, ergui a cabeça momentos atrás e vi coisas dentro desta sala onde estou que pessoas sem a mente plena nem notam. Há um raio de luz pulando para cima e para baixo em uma parede, e, dentro desse raio, percebo um arco-íris. Existem sombras lançadas pelas árvores no exterior que se movem pelo chão, o aroma dentro da sala me lembra da lenha queimada na noite de ontem.

É um cheiro delicioso que aguça os seus sentidos, e quando você praticar a meditação da mente plena, começará a substituir todos os elementos negativos de sua vida pelas coisas positivas que sempre estarão ao seu redor. Quando se substitui negativos por positivos, o resultado sempre é benéfico e, para os que pensam que o processo é difícil, esse talvez seja o primeiro passo perfeito na estrada que leva ao significado da meditação.

Deixando de lado outros diferentes métodos de meditar, sugiro que os iniciantes usem a Meditação Ioga em conjunto com a Meditação da mente plena por se mostrarem muito úteis, e, quando estiverem preparados para evoluir rumo às formas mais complexas de meditação, já terão a base que os capacitará a encarar novos desafios.

## Capítulo 4 – Enfrentando o Medo

"Não diga, 'Sinto medo.' Essa é uma maneira errada de expressar isso. Não diga, 'Tenho receio.' Pois também é uma maneira errada de falar. Simplesmente diga, 'Estou com medo. Neste momento, eu estou com medo.' ~ Osho

O medo é uma grande barreira. Ele barra o seu progresso na vida. Talvez você ache que durante o decorrer de sua vida, tenha sentido todos os tipos de medo. Apesar de temporários, por natureza, podem, ao retornarem à lembrança, fazer com que seu coração dispare e sua pressão suba. É a resposta do corpo à sua mente amedrontada que, algumas vezes, faz a ansiedade e o nervosismo atingirem níveis desesperadores. Entretanto, quando você aprende a meditar, sabe colocar as coisas na perspectiva correta, e o medo diminui. Os tipos de medos que a meditação pode combater:

- *Medo de exames*
- *Medo do fracasso*
- *Medo de coisas novas*

- *Medo de desafios*
- *Medo do escuro*
- *Medo da desaprovação*

Todos esses medos são muito reais. Quando introduzem um novo sistema em seu local de trabalho, e você estava feliz com o sistema antigo, isso realmente pode te deixar receoso. O medo deriva de não saber se você será bom o bastante para entender o suficiente e se tornar proficiente em seu trabalho. O medo de mudanças é a mesma coisa. Pode ser uma transferência para uma área sobre a qual você não conhece nada. Talvez não seja por sua escolha, mas uma ação tomada em razão da situação do trabalho. E isso pode lhe tirar de sua zona de conforto.

Medos são coisas bem reais. Na escuridão do seu quarto, deitado, você escuta barulhos, e eles são normais em razão da idade da casa. Na sua mente, o perigo parece espreitar em todos os cantos. Você não está sozinho e o medo pode te incapacitar, se assim o permitir. Entretanto, a meditação tende a acalmar as pessoas e fazê-las mais receptivas ao que acontecer em suas vidas. Pode ajudar pessoas com medo de voar a superar essa limitação.

**Como o medo é substituído durante a meditação.**

Quando você medita, aprende a respirar de outra maneira. Assim, quando o medo ataca, você sabe que está prestes a começar a respirar de um jeito prejudicial. Sabe que poderá hiperventilar. A meditação ensina a substituir essa resposta por outra muito mais lógica, na qual, usando o método meditativo, você se acalmará. Em um avião, por exemplo, acomodado em seu assento, feche os olhos. Você já sabe de antemão que o medo de voar é irracional, mesmo assim, parece não conseguir dominar esse sentimento. Ao aprender a meditar, está capacitado a fechar os olhos para o mundo, concentrar-se em sua respiração, e substituir esse medo por uma calma tangível, transportando-se para outro lugar. Então, quando o avião decola, você nem escuta o barulho dos motores. Você usa a meditação para se acalmar e isso só funciona quando não deixamos nenhum espaço na mente ser dominado pelos medos. Um estudante preocupado com os exames que vai prestar, seria bem aconselhado se o recomendassem a meditar antes das provas. Tendo feito todos os exames, há pouca utilidade em ficar preocupado, ainda sim, os estudantes continuam com isso. O medo na sala de exames aprisiona e faz com que erros aconteçam, pois a mente está tão ocupada com a negatividade que acaba amplificando esse sentimento. Mas ao praticar a meditação antes das provas, o estudante será capaz de abordar a situação com uma sensação de calma, a mente esvaziada de pensamentos negativos que bloqueariam os processos lógicos, ficando, então, apto a responder as questões.

De quantas entrevistas você tentou participar e a sensação de medo acabou fazendo com que desistisse? O medo não passa despercebido aos olhos dos outros. Você treme, não consegue responder de forma correta às perguntas e acaba se punindo por não conseguir mostrar aos entrevistadores quem você realmente é. Meditar antes de uma entrevista ajuda a acalmar e a passar pelo processo, sabendo quem você é, e o que está procurando naquele emprego.

Embora o medo tenha o poder de atrasar a sua vida, a meditação ajuda a combatê-lo. Se você pensar na mente como sendo composta por uma série de compartimentos, claro que se tais compartimentos estiverem cheios com seus problemas emocionais, pensamentos de fracasso e coisas negativas como a raiva e a inveja, impedirão que aquele órgão funcione da maneira correta. Haverá uma falta de espaço para a criatividade e os pensamentos positivos. Sem esses pensamentos positivos, sua negatividade aprisiona sua vida, como que impedindo você de dar o próximo passo na outra pedra que te aproximará da margem do rio. De fato, você nem consegue ver a próxima pedra, pois só está enxergando os problemas que lhe afligem. O medo resseca todo o potencial de sua vida.

Lembro-me de minha irmã, que era uma dessas pessoas certinhas, me contando que tinha ciúmes de mim. Fiquei surpreso, pois ela sempre fora a primeira da turma e sempre aparentara ter tudo sob controle em sua vida. Foi então que percebi qual era o elemento que faltava. Ela, na realidade, tinha medo da vida. Minha irmã mantinha um caminho coerente que não a permitia relaxar e se divertir mais. Sua vida era uma série de eventos bem-sucedidos, mas sempre em segurança e facilmente controláveis. Ela jamais aprendera a curtir a vida de verdade como eu o fizera, e quando expliquei sobre essa filosofia, ela se agarrou firmemente ao conceito pois seu medo era o medo da diversão, da aventura, o medo de qualquer pensamento que contrariasse os ensinamentos que nossos pais haviam incutido desde criança.

Todos somos capazes de abandonar os sentimentos de medo. Meditar ajuda a acalmar a mente e a afastar as teias de aranha que permeiam os caminhos da experimentação. Não julga ninguém. Ela habita no agora. Não carrega as bagagens emocionais do passado e nem se aborrece com preocupações sobre o amanhã. A meditação trata do presente – deste exato momento no tempo – e quando você compreende e é capaz de incorporar isso em sua vida, seus medos desaparecem e deixam-lhe capaz de viver a vida ao máximo, trabalhando em direção aos seus sonhos, esperanças e ambições sem que seja atrapalhado por constantes frustrações. Isso é quando o medo passa para o banco de trás. É quando você sabe quem está na direção da sua vida.

## Capítulo 5 – Esvaziando a Negatividade

"Nós escolhemos nossas alegrias e dores muito antes de experimentá-las." ~ Khalil Gibran

Você está zangada. Seu marido saiu de casa de manhã e deixou toda a bagunça para você arrumar. Ele age assim todas as manhãs, fazendo com que se sinta um capacho. Essa sensação ruim chega ao ponto de te levar a pensar em deixá-lo, mas lhe falta a confiança para fazer isso, ou falar sobre como enxerga sua importância e ser menosprezada pelos outros. Seus filhos não agem diferente. Eles a consideram uma pessoa sempre à disposição. Abandonam os sapatos enlameados na entrada para que você se ocupe em limpá-los, e não se importam com os esforços que tem feito para ajudá-los a transformarem-se em pessoas melhores.

Pare imediatamente com isso!

Na vida existem coisas que nos deixam com raiva e ressentidos. O problema é não conseguir ver todo o panorama. Você se tornou uma pessoa ressentida com a maneira como as pessoas têm lhe tratado. Se transformou em um capacho, mas, por acaso, alguém lhe mandou deitar para que limpassem os pés sobre você? Aquilo que percebemos como verdade e o que é a verdade de fato, são duas coisas diferentes. Se você enxergar a sua vida como negativa, assim ela será, pois essa é a "sua verdade."

Há chance de deixar seu marido e se mudar para uma outra vida, e ainda assim descobrir que continua sendo maltratada, pois esse é o modo como você enxerga o que a vida lhe faz. Você reuniu todas as evidências. Colocou todas em pequenas caixas de sua mente e elas começaram a gerar os ressentimentos. Os ressentimentos não deixam você enxergar todo o cenário, pois são negativos demais e destruidores da alma.

Reveja a citação no início do capítulo atual. Khalil Gibran tem uma ótima maneira de expressar o óbvio. Naquela citação, ele diz que "escolhemos nossas alegrias e dores" e em certa medida, é isso mesmo que fazemos. O pessimismo sempre enxergará o lado escuro de qualquer situação. O otimismo, por outro lado, se aterá ao lado positivo das situações. Também temos aquela coisa de enxergar o copo meio vazio ou meio cheio. O que a meditação permite que você faça é começar a ver isso como meio cheio e a drenar todos os ressentimentos. Ressentimentos afetam todas as coisas. Comem você por dentro. Desvaloriza sua vida. Você tem que abandonar a negatividade se quiser ver o que o seu Deus pretendia quando lhe enviou a esse mundo. Certo, você pode argumentar que não tem um Deus, e isso não tem problema, pois não há que ser religioso para obter ganhos com a meditação. Só precisa acreditar no "agora" e em "você mesmo", e a meditação lhe dará uma oportunidade.

Exercício para substituir a negatividade

Um monge budista sentou-se do lado de fora do templo confiando que a generosidade das pessoas proveriam sua alimentação. Essa é uma prática consagrada. Ele não disse a si mesmo "Espero que hoje me sirvam galinha!" ou "Não aguento comer outra tigela de arroz." Ele aprendera por meio da disciplina meditativa que pensamentos negativos são vazios de significado. Nada acrescentam à sua compreensão. E, na verdade, tornam miserável a nossa existência. Quando Gautama Buddha adentrou a região selvagem e sentou-se debaixo de uma árvore, queria encontrar uma filosofia que fizesse as pessoas sofrerem menos. Levou muito tempo para perceber que as próprias pessoas eram as responsáveis por toda a infelicidade que experimentavam; ele, então, desenvolveu um sistema de vida que as proveria com toda a felicidade que tanto desejavam. Apesar de não se tratar de meditação, é muito relevante. Quando você tem pensamentos ruins, você se torna uma pessoa menor do que poderia ser. Ao demonstrar raiva, você normalmente é quem mais sofre, mais até do que o sujeito que provocou a raiva. Quando está ansioso, sofre mais ansiedade do que o necessário pois essa sensação o deixa suscetível a mais sentimentos negativos.

Agora, eu quero tentar acostumar você a substituir pensamentos negativos. Há uma boa razão para agir assim, pois tudo isso faz parte da meditação. Se você medita e está com raiva, ou aborrecido, ou tem a cabeça carregada de negativismo, é provável que sua meditação seja limitada em razão de sua mente vagar em meio a coisas negativas. Assim, aprender a substituir negativos por positivos é um bom passo em direção à prática que antecede a meditação, e lhe deixará melhor preparado para uma sessão que funcione. A próxima vez que você pensar em algo negativo, substitua isso imediatamente por alguma coisa positiva.

- *Negativo: Estou cheio de ouvir as pessoas me dizendo o que devo fazer*
- *Positivo: As pessoas me consideram importante o bastante para fazer parte de suas vidas*

- *Negativo: As rugas em meu rosto me fazem parecer velho*
- *Positivo: As linhas em meu rosto são partes do caminho que tenho trilhado*
- *Negativo: Estou zangado porque as crianças não me obedecem*
- *Positivo: Meus filhos têm espíritos independentes*

Sempre existiram fatos positivos e negativos nesse nosso mundo. O que é preciso fazer é dar equilíbrio à balança. Se você geralmente é uma pessoa negativa ou sente que a vida lhe é injusta, então esse seu modo de pensar precisa mudar. Enquanto se mantiver negativo, sua vida será negativa. Quando encontrar a positividade na vida, se tornará capaz de lidar com as situações ruins que ocorrerem nela. Todos os dias fará ajustes que o levarão a se tornar um ser melhor. Isso não significa ser alguém que julgue os demais. Não significa se tornar uma pessoa cuja moral seja superior à dos demais. Na verdade, as comparações são desnecessárias. O que a meditação vai lhe ensinar é a tornar-se melhor com você mesmo – alguém cuja mente, espírito e corpo coexistem de forma feliz.

## Capítulo 6 – A Humildade na meditação

"Somente quando beber do rio do silêncio, você realmente cantará. Ao alcançar o topo da montanha, então iniciará a subida. E quando a Terra reivindicar seus membros, você começará a dançar verdadeiramente." ~ Khalil Gibran

Provavelmente, de todas as frases de Khalil Gibran, eu goste mais das citações oriundas de "O Profeta". Foi uma dessas que me revelou o que eu estava fazendo de errado na minha vida. Uma vida por demais conturbada. Não havia espaço para o silêncio. A meditação permite que você experimente o silêncio, porém é um silêncio que grita para revelar quem você é. Para demonstrar isso, preciso que você pense em algum lugar perto de sua casa que o encha de admiração. Para mim, era o topo de uma colina que descortinava uma visão panorâmica dos campos ao redor. Lá no alto, havia uma pequena igreja, onde, sentado em uma pedra do lado de fora, eu entendi o significado das palavras de Khalil Gibran pela primeira vez. No silêncio do entardecer, com o sol se pondo à distância, subitamente me senti muito pequeno na ordem de todas as coisas. Como foi que isso me ajudou? Bem, quando você se enxerga como realmente é, começa a escalada em sua compreensão. Quando abraça a humildade, torna-se capaz de dançar com alegria. Lá no topo, fui capaz de avistar o esplendor do mundo. Fiquei extasiado. Aquilo me fez enxergar o quão pequeno, mas também essencial eu era naquele cenário. Você vê cada como cada rocha tem o próprio lugar na paisagem. Cada grão de areia serve de apoio para outro grão de areia. Toda folha que cai das árvores tem o seu significado. Portanto, mesmo me sentindo minúsculo, eu também tinha importância.

Há tanta alegria gerada no exato momento em que você reconhece sua falibilidade. E reconhece também que tem o seu papel no mundo, e isso coloca todas as suas ninharias negativas sob a devida perspectiva. Naquele exato momento, toda a minha raiva desapareceu. Me senti esvaziado de qualquer sensação negativa;

algumas vezes é realmente necessário experimentar esse silêncio para adquirir novas perspectivas, ouvir a voz dentro de sua cabeça dizer que você, tanto é vital para esse mundo, quanto ele o é para a sua existência. Ao estar num lugar como esse, você se rende a humildade, um gesto que as pessoas na sociedade atual parecem ter colocado de lado. Você se espanta ao se deparar com a humildade em seu local de trabalho. Tenho visto tantas publicações em meu Facebook cheias de citações sugerindo que a humildade tem o poder de melhorar as pessoas. Lemos, concordamos com elas e então avançamos para as imagens de gatos e cachorros, sem, no entanto, ter noção de como incorporar tais mensagens em nossas vidas. Naquele dia, lá no alto da colina, percebi isso, e se você quiser que a meditação funcione para você, precisará agir da mesma forma.

Nos esforçamos tanto para nos encaixarmos em moldes que, na realidade, nada significam em termos de o quanto somos bons, ou na maneira como nossas vidas estão uma porcaria. Sentimentos de posse, coisas materiais e julgamentos dos outros obstruem nossa visão de como realmente somos, e afastar-se disso, indo para um lugar onde esteja cercado pela natureza revigorante será muito valioso – sentir-se realmente simples é o primeiro passo rumo a uma prática meditativa efetiva. Lá, você não tem expectativa alguma, mesmo com tudo aquilo que está bem diante de seus olhos. A natureza providencia isso para você sem que precise provar coisa nenhuma sobre quem é, e no que acredita. Chega a ser estonteante, não é mesmo?

Na Ioga, frequentemente as sessões são feitas em lugares cercados pela natureza exatamente por esse motivo. O professor pode escolher o local por conveniência, mas uma paisagem inspiradora tem a sua importância nas posições de saudação ao sol, onde o estudante começa encolhido e então, gradualmente, se ergue em direção ao céu, parando na ponta dos pés para cumprimentar a natureza e o dia que está em desenvolvimento.

A humildade lhe proporcionará ganhos que vão auxiliar a sua meditação:
- *O agora é o único momento que há*
- *Você observa, mas não julga*
- *Você escuta, mas não julga o que está sendo dito*
- *Você vê e observa o que está acontecendo*
- *Este momento é tudo o que importa*
- *Ontem já se foi e o amanhã ainda não aconteceu*

Você consegue ver como tudo isso acima poderia ser útil na meditação. Se você entrar em seu quarto para meditar e sua mente estiver cheia de julgamentos dos outros – será difícil manter a concentração na respiração, pois pensamentos negativos daquelas pessoas invadirão os seus próprios pensamentos. Se você tem um passado terrível, e permite que ele dite o seu "agora", tornará esse "agora" igualmente terrível. Assim, livrar-se de pensamentos do passado e concentrar-se no presente trará mais felicidade, ajudando a se concentrar na meditação. Se estiver preocupado com algo que acontecerá amanhã, como exames ou uma entrevista – tais pensamentos são abstratos. Tais eventos não aconteceram ainda e no tempo presente não têm significado.

Com humildade em sua abordagem você se torna capaz de superar obstáculos que se interpõem no caminho de conquistar a habilidade em superar o medo, o ódio, a inveja e os demais elementos negativos que **você aceitou em sua** vida. Ao optar pela abordagem humilde e pensar no presente como uma questão separada do passado e futuro, você se torna capaz de uma concentração plena durante a meditação.

**Capítulo 7 – Preparação para a meditação**
"Mas deixem espaços em sua comunhão e permitam que os ventos do paraíso dancem entre vocês. Amem uns aos outros, mas não pavimentem um chão de amor: permita, ao invés disso, que um mar flua entre as margens de suas almas." ~ Khalil Gibran

Observe o perfeito sentido dessa citação de Khalil Gibran. Ele diz que cada indivíduo precisa de espaço e que o amor e a obrigação com os outros nunca deveriam privar alguém desse espaço. O seu espaço escolhido, caso já tenha percebido, é a meditação, mas você nunca fez isso antes. Até agora você só aprendeu que ela deve ser feita com uma respiração adequada. Então esse capítulo vai lhe preparar mais para a prática meditativa.

Para iniciar a meditação, você precisará de algum lugar onde não haverá interrupções. Assim, talvez escolha praticar em casa quando ninguém mais estiver por perto, quem sabe em um quarto afastado do tumulto, onde não será interrompido. Barulhos exteriores constituem-se em um problema, por isso deve escolher um local onde sua mente não seja distraída da prática. Quando estiver mais experiente, isso será menos importante, pois sua mente estará mais e melhor treinada para ignorar todas as interrupções que a vida impõe ao silêncio. Em relação ao horário, escolha o período que mais contribua com o silêncio e apresente poucas outras distrações.

Roupa adequada para a meditação

Pode usar quase tudo, porém existem algumas regras. Nada que o faça sentir-se desconfortável. Se tiver uma cinta abdominal apertada, por exemplo, isso o irritará durante a sessão, capturando sua mente para afastá-la da devida concentração. Assim, use trajes confortáveis que não o restrinjam de forma alguma. Isso se aplica também às roupas de baixo. Caso o estejam restringindo, troque-as. Sei que muitas mulheres praticam sem usar sutiã, pois acham que a peça restringe a respiração correta na meditação. Certifique-se de usar roupas adequadas ao ambiente onde se dará a prática meditativa. Você não deverá sentir muito calor ou frio.

Posição sentada.

Isso não é tão importante quanto as pessoas parecem acreditar. Você precisa estar numa posição que deixe suas costas eretas. A postura é importante na meditação. Caso esteja com algum problema de saúde, por exemplo, pode se sentar numa cadeira confortável. Se quiser e estiver em boa forma, pode obter uma almofada de ioga para usar. Deve ser usada para suportar suas nádegas, embora o jeito mais fácil para obter uma boa postura seja sentar-se num carpete ou tapete, dobrar as pernas à frente, e então cruzá-las, colocar a almofada sob as nádegas para ficar mais à vontade. Pode adquirir um tapete de ioga, mas assim como a almofada, não são itens obrigatórios. Tanto faz – no chão ou em uma cadeira, é preciso sentir-se confortável.

Posição das mãos

Isso é mais importante do que provavelmente se pensa. Se deixar suas mãos fazerem o que elas quiserem, é certo que irão se mexer e distrair você. Não é natural alguém se manter imóvel por um longo período, sem gastar energia. Se olhar alguém sentado, eles estarão constantemente mexendo as mãos ou as pernas. É o que você está acostumado a fazer em razão da energia nervosa. Quando você medita, entretanto, precisa ser mais equilibrado do que isso e cuidar para que suas mãos não acabem lhe distraindo. Assim, junte o polegar com seu dedo médio e, se estiver sentado em uma cadeira, descanse as mãos sobre o colo. Caso esteja sobre uma almofada, apoie cada mão em cima do joelho correspondente, mantendo as palmas para cima. Isso o deixará muito consciente sobre seus membros e provavelmente você não será perturbado por movimentos durante sua meditação.

Ambiente do cômodo

O cômodo que escolher deverá ser confortável e não muito quente. Tem que ser um lugar onde se sinta relaxado. Não deverá conter aparelhos eletrônicos que venham a lhe distrair durante sua prática meditativa. Eu prefiro meditar em cômodos cujas paredes estejam pintadas em cores pastéis. Mesmo meditando de olhos fechados, cores muito chamativas interrompem o meu fluxo de pensamentos. Se o seu quarto tem essas cores berrantes, tente ficar de costas para elas, ficando de frente para algo mais calmo.

Caso queira ver o quanto está receptivo ou preparado para a meditação, você simplesmente pode sentar-se na posição que escolher e tentar não pensar em absolutamente nada por dez minutos antes de começar a prática. Mesmo ainda não tendo terminado o curso, isso ajudará a lhe acalmar das agitações do dia e afastará as energias negativas de seu corpo. Algumas pessoas fazem sessões de relaxamento antes de suas primeiras tentativas de meditação. Deite-se e feche os olhos. Concentre-se em cada uma das partes de seu corpo, tensionando-a e, a seguir, relaxando. Quando tiver percorrido da cabeça aos pés, ou vice-versa, estará mais receptivo para a prática da meditação, mas isso também dependerá do tempo que você reservou para a sua sessão. O tempo médio para um iniciante é de 20 minutos, então, se tiver um tempo extra, talvez queira fazer o relaxamento como forma de preparação para uma meditação mais profunda.

## Capítulo 8 – Meditação na prática

"Sentimentos vão e vêm como nuvens em um céu de ventos. A respiração consciente é a minha âncora." ~ Thích Nhất Hạnh,

Tendo se preparado conforme as orientações do capítulo anterior, você agora está apto a meditar. Não espere se tornar um mestre da noite para o dia. Até hoje, você está acostumado a ter a mente cheia de pensamentos. Elizabeth Gilbert tentou meditar e descreveu isso em seu livro chamado "Comer, Rezar, Amar": sua mente lutava na meditação e seus pensamentos saltavam uns sobre os outros, entrando num transe meditativo em razão do excesso de bagagens do passado; ela achou muito difícil abandonar ou se livrar desses pensamentos. Espere muitas ciladas, pois elas existirão em abundância.

Respirando

Sentado em sua posição meditativa, feche os olhos e inspire pelo nariz conforme foi orientado anteriormente, mas desta vez preste atenção. Enquanto inspira durante a contagem até 8, sinta o ar entrando em seu corpo. Não pense em mais nada além disso. A concentração em sua respiração é vital para a meditação. Prenda a respiração enquanto conta até 10 e, então, expire, sentindo o ar saindo do diafragma superior conforme ensinamos na seção relativa à respiração. Aguarde um segundo Repita a ação, e quando terminar de exalar dessa vez, espere 2 segundos, e assim por diante até alcançar o dez.

Quando você medita pela primeira vez, descobre o quanto os pensamentos são sorrateiros. Talvez você gerencie uma ou duas respirações antes que sua mente fuja para outras coisas. Quando isso acontecer, retorne ao um. Não sinta-se frustrado com isso. Acontece com todo mundo. As pessoas estão tão acostumadas a pensar, que não é algo normal tentar apenas respirar e não pensar em nada mais. Entretanto, é vital que a respiração seja a única coisa em que se concentrar. Centrar seus pensamentos dessa forma ajudará a substituir o processo normal da mente por algo tangível, permitindo que você se afaste dos problemas da vida e que, inspirar e expirar seja a única ocupação dada à sua mente.

Duração da meditação

Agora que praticou a respiração, siga adiante da mesma maneira. É disso que a meditação trata, mas não espere alcançar os píncaros da compreensão em apenas umas poucas sessões. Sua sessão deverá durar ao menos 20 minutos quando estiver iniciando, mas quando for capaz de expulsar os pensamentos da sua mente por longos períodos de tempo, você poderá aumentar o tempo de meditação para cerca de quarenta e cinco minutos.

Após a meditação.

Não é muito útil meditar e se jogar esbaforido no mundo novamente, retomando a velocidade normal de seus pensamentos. Faça isso gradativamente, devagar. Incorpore à sua rotina o enrolar do tapete, a guardar a almofada e, aos poucos, ir restabelecendo a compostura. Assim desfrutará melhor os benefícios da prática meditativa.

Meditação em movimento

Para essa prática, escolha um local agradável ao ar livre onde não será perturbado. Algum parque devidamente isolado seria o melhor local. Da mesma maneira anterior, deverá se concentrar em sua respiração. Suas costas deverão estar aprumadas como antes, mas sua cabeça deverá olhar para baixo enquanto caminha. Existem mais distrações nesse método de meditação, embora algumas pessoas achem mais fácil lidar com elas do que quando sentadas imóveis na tentativa de meditar. Ao caminhar, que pode ser em círculos de tamanhos razoáveis, a concentração deve estar no respirar mais do que no caminhar. Pessoas ocupadas e com muita energia nervosa acham essa prática útil entre reuniões, ou antes de uma conferência, pois após terem feito o suficiente, simplesmente sentam em algum lugar calmo por alguns momentos para encontrar o caminho de volta ao mundo dos pensamentos, agora com as ideias mais claras e capazes de tomar decisões de forma mais fácil do que quando a mente estava tão desordenada.

Meditação da mente plena (*Mindfulness*)
Eu uso esse método o tempo todo. Essa meditação é um estilo de vida. Em outras palavras, você não dá créditos aos pensamentos do passado ou sobre o futuro. Apenas observa a vida e não julga, e sua meditação estará mais focada em algum objeto. Talvez você tenha uma estatueta de Buda, ou algo belo em seu jardim no qual possa se concentrar. Não feche os olhos nesse tipo de prática, mas sua respiração é igualmente importante, tanto quanto nas outras práticas meditativas. Concentre-se naquele item e deixe seus pensamentos desaparecerem da mente. Se tiver problemas para fazer isso, concentre-se na respiração como faria nos outros métodos.

A *Mindfulness* não tem que ser apenas uma forma de meditação. Quando você come, por exemplo, sente todas as texturas e sabores. Ao caminhar em algum lugar, olha para todas as coisas e é capaz de apreciá-las. Esse é um modo muito bom de se tornar observador, mas não apenas isso. Trata-se, também, de apreciação e positividade, que contam mais do que tudo. Você aprende a se mais paciente e compreensivo. Aprende a ver o lado positivo da vida e a meditação reforça essa positividade.

Mente plena significa perceber as necessidades de seu corpo, substituir pensamentos negativos por meio da observação do que está acontecendo no mundo ao seu redor. Você é um observador. Substitui todos os pensamentos com um tema como comer, andar ou observar. Assim, não deixa espaços vazios em sua mente que possam ser ocupados pela negatividade.

## Conclusão

Espero que essa introdução à meditação ajude você a querer se apegar ao conceito e o faça progredir em sua vida. Muitas pessoas o fazem a cada ano, acabando por descobrir que não é apenas benéfico à saúde, mas ao bem-estar de todos que procuram uma alternativa ao modo estressante de se viver. Raiva, medo, inveja e cobiça podem ser transformadas em algo muito positivo e benéfico com a prática regular da meditação. Esse esvaziamento da mente permite tornar-se bem mais ativo, mais capaz, libertar-se do subconsciente problemático que sua vida lhe apresenta.

Se deseja se livrar do estresse, do medo e da ansiedade, tomar as rédeas da vida, então a meditação é a resposta. Não tenho dúvida alguma de que a meditação tem feito de minha vida uma rica trama de experiências, alegrias e aprendizado de como viver de um modo que não me machuque. Talvez isso soe estranho, embora ao analisar o modo como as pessoas vivem hoje em dia, muitos dos danos que atingem suas vidas são autoinfligidos. Sim, algumas circunstâncias não são merecidas. Sempre estarão lá, pois a vida é transiente. A meditação auxilia a juntar os pedaços novamente, faz com que a mente esteja preparada para lidar com o que a vida lhe apresentar.

Quando consegui dominar a meditação, notei que não mais me estressava com coisas que pertenciam às outras pessoas. Quando digo 'coisas' – quero dizer a negatividade que elas traziam consigo; não permitindo mais que se tornassem a minha negatividade. Aprendi a importância do bom sono e de manter hábitos alimentares sensatos, pois o seu corpo demandará isso e, com a meditação, você passará a apreciar escutar o que ele lhe disser.

Na próxima vez em que presenciar alguém meditando na praia, ou praticando ioga no parque, perceba o comportamento desses praticantes. Veja a aparência de calma que emanam. Se você quiser o assento de condutor de sua vida, meditar lhe dará o poder para conquistar essa posição. As práticas meditativas abrangidas por esse livro são adequadas para você, enquanto iniciante. Se, como eu, as introduzir em sua vida, talvez se interesse em aprender outras técnicas para compreender melhor a vida e se tornar mais próximo do ser supremo, ou Deus. Desejo-lhe uma boa jornada, pois é uma jornada que não custa nada.

Obrigado por ler o presente livro. Meu desejo é que você seja capaz de criar um local de calma e paz durante a meditação, onde possa recorrer sempre que precisar. Você está no controle de suas emoções agora!

Caso tenha apreciado essa obra, peço gentilmente que deixe seu comentário.

**Parte 2**

## POR QUE VOCÊ DEVERIA LER ESSE LIVRO?

Você, constantemente, se encontra preocupado ou estressado? Você está procurando por uma forma eficaz e simples de relaxar e encontrar paz em meio a sua vida ocupada? Se sim, então você irá encontrar todas as respostas que procura através da prática da meditação mindfulness.

Mindfulness é o ato de prestar atenção ao momento presente. É o deixar ir as memórias estressantes do passado e pensamentos preocupantes sobre o futuro. Mindfulness é sobre apreciar o que você tem agora, com um coração aberto e gentil. Através da meditação mindfulness, você encontrará não somente paz e relaxamento, mas também o seu verdadeiro eu.

Nesse livro, você descobrirá o verdadeiro sentido do mindfulness e como ele veio a ser. Você aprenderá seus diversos benefícios baseados em pesquisas. Você também encontrará planos de ação em como aplicar mindfulness em sua vida cotidiana. Você até aprenderá estratégias em como permanecer motivado, para que você possa meditar regularmente, mesmo durante momentos e que você não sinta vontade.

Vários capítulos são dedicados a mostrar para você passos específicos em como praticar técnicas básicas de meditação mindfulness. Estas incluem a meditação da respiração consciente, a meditação sentada, e a meditação mindfulness para ajudar você a lidar com estresse, ansiedade, dores físicas e até raiva.

Esse livro é para qualquer pessoa que queira se tornar mais consciente na vida. É para iniciantes e para praticantes experientes da meditação. Basicamente, se você quer melhorar a qualidade da sua vida, você achará esse livro útil.

## CAPÍTULO 1
## A HISTÓRIA DA MEDITAÇÃO MINDFULNESS

Quando você ouviu a palavra "mindfulness" pela primeira vez, o que passou por sua cabeça? Você pensou sobre longos períodos de meditação silenciosa e sem movimento? Bem, você provavelmente sabe que há muito mais do que apenas sentar no chão e não fazer nada.

Afinal de contas, todos estão entusiasmados com isso - desde celebridades como Emma Watson, Kobe Bryant e Angelina Jolie até empreendedores altamente bem-sucedidos como Arianna Huffington, Russell Simmons e Oprah Winfrey.

O que é realmente mindfulness? O que o torna tão atraente, não apenas para essas pessoas famosas e de grande sucesso, mas também para o cotidiano trabalhador de escritório, a mãe ou o pai que fica em casa ou o estudante universitário ocupado?

Neste capítulo, exploraremos o significado mais profundo do mindfulness e como ele surgiu. Você também descobrirá como e por que isso ajuda você a entrar em contato com seu verdadeiro eu.

## O SIGNIFICADO DO MINDFULNESS

Quando você vir a entender o que a meditação mindfulness realmente significa, você sentirá um sentido mais profundo de pertencimento a ela. Em outras palavras, sua percepção disso transcenderá seu valor superficial, que é o papel utilitário de ajudá-lo a relaxar e dissipar o estresse. Portanto, ao conhecer seus valores mais profundos, você descobrirá que isso não é apenas uma opção; também tem parte integrante da sua vida diária.

A definição geralmente aceita de mindfulness é que é um processo mental e emocional. Especificamente, é a prática de concentrar os pensamentos e sentimentos em relação ao que está acontecendo no momento presente. Acredita-se também que, através da prática da meditação mindfulness, a capacidade de se concentrar no momento presente pode ser fortalecida.

## PRIMÓRDIOS BUDISTAS

No budismo, o conceito de nossa compreensão moderna do "mindfulness" veio da antiga palavra Pali "sati", um termo que significa "ter em mente" ou "lembrar" (Pali é uma antiga linguagem Prakrit que é usada como a linguagem litúrgica e escritural do Budismo Theravada). Tradicionalmente, sati significa ter em mente e recordar o dharma, ou os ensinamentos do Buda.

O Budismo Antigo explica ainda que você pode entender o processo de se concentrar no momento presente aprendendo os *skandhas*, também conhecidos como os Cinco Agregados.

Os Cinco Agregados organizam a capacidade de consciência da sua mente, influenciada por suas próprias atitudes pré-condicionadas e experiências passadas. São elas: *a forma material, sentimentos, percepções e volição, consciência sensorial*.

A *Forma Material* é o seu corpo físico e os elementos materiais que o cercam, além de entrar e sair do seu corpo (como o ar que você respira).

Os *Sentimentos* são as sensações emocionais que podem ser descritas como agradáveis, neutras ou desagradáveis.

As *Percepções* são suas percepções sensoriais das dimensões de um objeto, como a cor, forma, tamanho e cheiro.

A *Volição* refere-se ao comportamento mental, físico e verbal que você escolhe conduzir.

A *Consciência Sensorial* é a sua consciência dos pensamentos que ocorrem em sua mente e os estímulos que os cinco sentidos podem absorver.

Os budistas explicam que esses Cinco Agregados vêm em ondas quando se pratica a meditação da atenção plena. No entanto, você deve evitar "agarrar-se" a qualquer um desses cinco agregados, para que você possa libertar-se do sofrimento e liberar seu verdadeiro eu.

## PSICOLOGIA

Em Psicologia, o mindfulness pode ser considerada como uma prática que pode desenvolver as habilidades metacognitivas da mente. Os pesquisadores psicológicos Kirk Warren Brown, Richard M. Ryan e J. David Creswell explicaram que o modo como uma pessoa define mindfulness depende de quem é essa pessoa e de como o mindfulness é aplicado

Segundo eles, alguns consideram o mindfulness como um estado mental, enquanto outros a descrevem como um conjunto de habilidades e estratégias. Assim, deve haver uma linha clara entre o *traço característico* e o *estado* de mindfulness.

Outro psicólogo, Scott R. Bishop, propôs que o mindfulness pode ser definido como um tipo de "consciência não-elaborativa, sem julgamento e centrada no presente", em que todo pensamento, sensação e sentimento que chega à atenção consciente é "reconhecido e aceito como isso é.".

Brown, no entanto, explicou que o mindfulness é uma qualidade de consciência que se manifesta em - mas não é necessariamente o mesmo que - as atividades através das quais ela é aumentada (como a meditação).

Steven F. Hick, autor de *Mindfulness and the Therapeutic Relationship* (Mindfulness e o Relacionamento Terapêutico), explicou que existem práticas formais e informais de mindfulness. A prática formal é a meditação mindfulness, que envolve o processo de concentrar a atenção nas sensações, na respiração, no corpo ou em qualquer coisa que ocorra no momento presente. A prática informal da mindfulness é quando você aplica mindfulness em exercícios cotidianos, como estar atento ao lavar a louça, comer ou ouvir música.

Jon Kabat-Zinn, que é um dos responsáveis por trazer os ensinamentos do mindfulness para o Ocidente, explicou em uma entrevista intitulada "Underneath the Surface" (Debaixo da Superfície), sua definição de trabalho de mindfulness. Ele disse que o mindfulness é "a consciência que surge quando você presta atenção intencionalmente ao momento presente de uma maneira não crítica".

Ele explica ainda que o presente é o único momento em que realmente temos que "estar vivos", mas nossa atenção para isso geralmente não é vívida nem estável. No entanto, treinando a mente para prestar atenção através da meditação consciente, podemos fortalecer nossa capacidade de sustentar nossa atenção momento a momento.

## COMO A MEDITAÇÃO MINDFULNESS SURGIU

A seguir, está uma breve visão geral do desenvolvimento histórico da meditação da atenção plena. Ao aprender sobre suas raízes, você pode apreciar ainda mais a prática e isso vai inspirá-lo a incorporá-la em sua vida cotidiana.

A meditação mindfulness, como é hoje, baseia-se na meditação *vipassana* do budismo. O termo *vipassana* significa "tornar-se consciente do momento presente como ele realmente é". A prática de vipassana destina-se a ajudar a pessoa a ver a verdadeira natureza da realidade, que é a impermanência das coisas. Ao tomar consciência da impermanência, pode-se libertar-se ou libertar-se do desejo, que é a verdadeira causa do sofrimento.

De fato, a atenção plena é tão importante que é, na verdade, o sétimo passo no Nobre Caminho Óctuplo do Budismo. Ter a atenção correta é estar consciente do que se está fazendo no momento presente e nunca ser distraído. É estar ciente do estado impermanente do corpo, mente e sentimentos.

A pessoa que é mais responsável por espalhar a meditação vipassana por toda a Ásia moderna e o Ocidente é o monge budista theravada birmanês Mahasi Sayadaw U Sobhana (1904 - 1982). Suas publicações e ensinamentos tornaram-se tão difundidas que permitiram que ele ajudasse a treinar mais de 700.000 meditadores. Suas publicações, juntamente com a acessibilidade aos sutras budistas, foram traduzidas para o inglês, fazendo com que o conceito de meditação da atenção plena se tornasse ainda mais difundido.

Um dos principais proponentes da meditação mindfulness no Ocidente é Jon Kabat-Zinn, que criou o programa Mindfulness-Based Stress Reduction (Redução do Estresse Baseado no Mindfulness) ou MBSR na Universidade de Massachusetts em 1979. Kabat-Zinn é Professor de Medicina Emérito e foi aluno de vários professores budistas como Seung Sahn e Thich Nhat Hanh. O que fez seus ensinamentos sobre mindfulness tão atraentes ao ocidente foi sua capacidade de sinergia com a ciência. Como resultado, seu programa de redução do estresse foi amplamente aceito em hospitais e outros centros médicos.

O movimento que Jon Kabat-Zinn iniciou, rapidamente acelerou e levou ao Mindfulness Movement, que conduziu mais de 20.000 pacientes com doenças crônicas, bem como um grande número de indivíduos no pico da saúde a praticar a meditação mindfulness e a melhorar sua qualidade de vida. Assim, o mindfulness tornou-se um conceito e uma prática bem conhecidos e convencionais.

Naturalmente, a história do mindfulness é muito mais profunda do que isso, e cabe a você descobrir o restante dela. No entanto, por enquanto, vamos passar para o próximo capítulo, que discute os benefícios que se pode obter da prática regular da meditação mindfulness.

## - CAPÍTULO 2 -
## OS BENEFÍCIOS DA MEDITAÇÃO MINDFULNESS

Por que você deveria se preocupar em gastar de cinco a dez minutos por dia melhorando seu foco no momento presente? O que tem a meditação mindfulness que melhorará sua vida?

É razoável que alguém faça essas perguntas. Afinal, ninguém deve praticar a meditação da mindfulness apenas porque seus amigos estão afim disso, ou que pessoas famosas estão fazendo isso, ou que é uma tendência tão grande que finalmente permitirá que eles usem a hashtag Namaste nas redes sociais. A prática desta meditação da atenção plena pode oferecer muito mais.

Agora que você tem uma imagem mais clara do que é a meditação mindfulness, você provavelmente quer saber as razões pelas quais você deve incorporá-la à sua agenda ocupada. Neste capítulo, você conhecerá os benefícios cientificamente comprovados que a meditação da atenção plena pode trazer para a mesa.

## ESTUDOS DE APOIO À MEDITAÇÃO MINDFULNESS

Uma das principais razões pelas quais a meditação mindfulness é tão popular é o fato de que muitos estudos científicos podem atestar sua utilidade. Muitos estudos de pesquisa apontaram uma correlação entre sua prática e a melhoria do bem-estar geral.

Por exemplo, mostrou-se promissor na redução da ansiedade, depressão e outros transtornos mentais diagnosticados clinicamente. Também ajuda a minimizar os distúrbios mentais que muitas pessoas sofrem a cada dia, como preocupação e estresse.

Desde os anos 1950, muitos pesquisadores têm investigado o tema da meditação. Mais recentemente, cientistas neurológicos interessados no conceito de mindfulness têm usado instrumentos digitais, como o fMRI e o EEG, para medir seus efeitos no cérebro humano.

Um estudo recente publicado no *Journal of Psychosomatic Research* (Diário de Pesquisa Psicossomática) em 2015 enfocou a redução do estresse baseado em mindfulness para indivíduos saudáveis. Os resultados mostraram que a meditação mindfulness é moderadamente eficaz na redução da ansiedade, angústia, depressão e estresse, melhorando, assim, a qualidade de vida dos participantes.

No ano anterior, um estudo publicado na edição de 2014 da *Psychosomatic*, explorou os efeitos das práticas de meditação mindfulness no tratamento de transtornos depressivos. Os pesquisadores concluíram que há evidências científicas significativas para provar seus efeitos positivos no bem-estar físico e mental de pacientes que apresentam distúrbios clínicos depressivos durante as fases aguda e subaguda de seu tratamento.

Outro estudo apoia esta afirmação; ele foi publicado na edição de 2014 do *JAMA Internal Medicine* e encomendado pela Agência dos EUA para Pesquisa e Qualidade em Assistência à Saúde. Este estudo revelou que a meditação ajuda a minimizar os efeitos negativos do estresse psicológico experimentado em múltiplas dimensões. A pesquisa recomenda que a meditação possa ser oferecida como uma forma suplementar de terapia para intervenções baseadas em evidências para pessoas que estão experimentando ansiedade atual ou um episódio depressivo.

Esses estudos são apenas parte de um corpo substancial de evidências que apoiam os efeitos positivos da meditação mindfulness. Sua crescente popularidade continua a abrir caminho para novas pesquisas que validarão sua relevância para a saúde e bem-estar geral de uma pessoa.

## COMO O MINDFULNESS PODE MELHORAR SUA VIDA

No geral, os estudos científicos buscam apenas fornecer evidências empíricas para os benefícios que os antigos praticantes da meditação mindfulness já conhecem, aceitam e desfrutam. Espero que você também possa experimentá-los por si mesmo. Dedique um período específico a cada dia para a meditação mindfulness e você certamente notará uma melhoria significativa na qualidade de sua própria vida.

Aqui estão alguns dos benefícios descritos por muitos praticantes:

Seu cérebro fica mais afiado.

O cérebro vivo é a ferramenta mais poderosa e complexa que você tem. O que o torna tão incrível é que ele é altamente adaptável a todos os pensamentos e comportamentos que você faz todos os dias. Por exemplo, praticando certos comportamentos e entretendo pensamentos específicos repetidamente, você treina certas partes do seu cérebro para dividir essa informação, melhorando assim o seu desenvolvimento.

De acordo com um estudo conduzido pelo neurocientista Richard Davidson, a prática consistente da meditação *metta*, um tipo de meditação do mindfulness, que se concentra na bondade amorosa, tem efeitos tremendos na capacidade de uma pessoa pensar positivamente. Outros estudos também provam que apenas praticar a meditação mindfulness por curtos períodos de tempo todos os dias já pode ajudar a melhorar sua capacidade de concentração.

Esta é uma ótima notícia para aqueles que desejam se tornar mais produtivos e conscientes de suas tarefas diárias. Por exemplo, se você é um estudante que planeja estudar extensivamente para um exame importante, você pode praticar a meditação mindfulness entre as pausas para ajudar a melhorar a capacidade da sua mente de se concentrar no que está à sua frente. De fato, se você quer melhorar qualquer habilidade em geral, você vai aguçar seu cérebro através do mindfulness.

Você aprenderá a desenvolver pensamentos positivos.

Pensamentos negativos são apenas padrões repetitivos em seu cérebro chamados de "ruminação". Às vezes, eles também podem ser na forma de evitação experiencial, ou o processo de evitar certos pensamentos que causam desconforto. Através da meditação mindfulness, você pode superar esses padrões de pensamentos negativos que, de outra forma, levariam à depressão e à ansiedade.

Como isso acontece?

Primeiro, a meditação mindfulness ajuda a reconhecer as experiências, sentimentos ou pensamentos difíceis que você está vivenciando. Através deste reconhecimento, você começa sua jornada para aceitá-los de uma maneira mais curiosa e gentil.

Através desta prática, você se transforma em um observador de si mesmo, permitindo que você veja seus padrões de pensamentos negativos como se você fosse uma terceira pessoa olhando para dentro. Em outras palavras, você pode dar um passo atrás no caos. Você não fica mais sobrecarregado por seus pensamentos e emoções que mudam rapidamente, mas sim, você simplesmente os percebe.

Através dessas observações, você tem a chance de entender melhor a si mesmo e aos seus próprios hábitos. Portanto, que você tem uma escolha, e isso é se concentrar no que é saudável e certo para você.

Suas habilidades de criatividade e resolução de problemas melhorarão. Quando a mente é treinada para se concentrar no momento presente, ela se torna cada vez mais receptiva e positiva, permitindo que você crie melhores soluções para os problemas que enfrenta. Além disso, seu estado de espírito mais saudável permitirá que você se torne mais curioso e aberto a possibilidades, levando, assim, a habilidades criativas aprimoradas. Isso ocorre porque a meditação mindfulness desbloqueia a capacidade do seu cérebro de entrar no estado de "fluxo". O fluxo é descrito como o período em que você está completamente imerso na tarefa que tem diante de você sem esforço. Atletas profissionais, artistas de renome mundial e escritores de best-sellers afirmam entrar nesse estado sempre que precisarem trazer seus melhores talentos criativos e de solução de problemas.

Você pode experimentar um relaxamento profundo a cada dia.

Através da prática diária de meditação mindfulness, você pode desfrutar de um relaxamento profundo após um dia atarefado no trabalho, gratuitamente. Além do sono, essa é a melhor maneira de dar ao seu corpo e mente um descanso de muitas atividades. Entretanto, vai além do efeito repousante do sono, já que o mindfulness também lhe dá a oportunidade de observar e apreciar o momento presente, o que aumentará e elevará seu humor e pensamentos. Além disso, a meditação diária ajudará a melhorar a resistência do seu cérebro a dificuldades posteriores. Isso significa que você pode lidar com os estresses diários mais facilmente e garantir uma mente mais clara e equilibrada ao lidar com os problemas.

Seu relacionamento consigo mesmo e com os outros se fortalecerá. Tomando o tempo para limpar sua mente do mundano para se tornar consciente de quem e o que o rodeia no presente definitivamente vai permitir que você nutra uma atitude de bondade e gratidão.

Você pode aprender muito com o mindfulness, tomando consciência da capacidade natural de seu corpo de mantê-lo vivo, de prestar atenção em como sua mente evoca pensamentos e emoções e de ouvir o mundo ao seu redor. Isso faz você perceber que nada - incluindo você mesmo - é permanente neste mundo. A cada momento que passa, sua vida também está passando. Perceber isso pode fazer com que alguém se torne mais compreensivo sobre quem ele ou ela é e quem é especial para ele ou ela na vida.

Como você logo descobrirá, há muitos outros benefícios que você pode obter ao praticar a meditação mindfulness. Alguns deles podem ser exclusivos para você, enquanto outros podem ser benefícios compartilhados com outras pessoas. No entanto, independentemente dos resultados, a prática é gratificante para a sua mente e corpo.

Também é importante notar que o mindfulness pode ser incorporado em cada momento de vigília, não apenas durante o tempo em que você pratica a meditação. É por isso que, no próximo capítulo, você encontrará maneiras de aplicar o mindfulness em sua vida cotidiana.

## - CAPÍTULO 3 -
## APLICANDO O MINDFULNESS NA VIDA DIÁRIA

A melhor maneira de tornar o mindfulness uma parte de sua vida diária é desenvolver um amor genuíno por ele. Quando você encontra uma conexão profunda com a prática do mindfulness, e quando você faz ele parte de sua identidade pessoal, torna-se fácil colocá-lo em prática de forma consistente.

Como você aplica o mindfulness na vida diária? Quais são os passos a seguir para não apenas deixar a meditação ser uma centelha momentânea de interesse para você?

Aqui estão algumas maneiras para você incorporar o mindfulness em sua vida:

**APROVEITE O PRAZER DE ESTAR SOZINHO**

Há momentos em que você ama a companhia dos outros, mas simplesmente passar algum tempo consigo mesmo também pode reabastecer sua energia de várias maneiras. Durante os momentos em que você está sozinho, permita-se tornar consciente do momento presente. Deixe os pensamentos do passado e do futuro se afastarem e se concentrarem no que quer que esteja diante de você.

Por exemplo, se você está sozinho em seu quarto, traga sua atenção para o que está ao seu redor. Preste atenção às formas e cores que estão bem na frente de seus olhos, a personalidade do perfume em seu quarto, ou a sensação do tecido da sua cama contra a sua pele. Ouça os sons dentro do seu quarto, seja o zumbido do seu ventilador, a quietude do silêncio ou o gorjear dos pássaros do lado de fora da sua janela.

*Plano de ação:* Separe apenas 10 minutos de cada dia para ficar sozinho. Tente fazer isso na mesma hora todos os dias, como entre 7:00 e 7:10 da manhã, encontre um horário que funcione para você. Gaste esse tempo concentrando-se apenas no momento presente, o que você está experimentando naquele momento. Não planeje o que está por vir no futuro ou escreva as coisas que aconteceram em seu diário. Concentre-se no momento presente como realmente é e deixe todo pensamento se afastar.

**PASSAR TEMPO NA NATUREZA**

Quer você acredite no espiritual ou não, você encontrará uma conexão instantânea com algo mais profundo dentro de você quando passar algum tempo na natureza. É muito mais fácil ficar atento quando você está cercado por coisas naturais, seja em um parque cheio de árvores antigas no meio da cidade, ou em um pequeno jardim com grama recém-cortada no seu quintal.

Observe como a natureza continua a crescer apesar de seus esforços para criar coisas não naturais. Como as raízes de uma árvore que se entrecruzam através das rachaduras de um pavimento, a natureza consegue ser constante e persistente. A melhor parte é que a natureza é beleza em si mesma. Não há necessidade de prepará-la ou mantê-la para capturar seus sentidos. Tudo o que você tem a fazer é deixar que seja aproveitada. Ao passar algum tempo com a natureza, você pode se reconectar com o seu próprio eu verdadeiro.

*Plano de ação:* Uma vez por semana, conecte-se com a natureza de uma forma ou de outra. Sempre que puder, faça uma viagem à praia ou a um parque natural e dê um passeio. Durante as semanas mais movimentadas, vá a um jardim próximo para apreciar apenas as flores e plantas em crescimento. Literalmente pare e cheire as flores. Passe algum tempo em silêncio olhando para o céu para observar as nuvens ou as estrelas. Experimente e você logo perceberá o quanto a vida pode ser mais significativa.

**PRATIQUE SER GRATO A CADA DIA**

Expressar gratidão e apreço por tudo de bom que está acontecendo em sua vida, é a maneira mais fácil de cultivar pensamentos positivos. Por ser grato, você também conhece alguns aspectos da sua vida que você pode ter dado como certo. A gratidão desempenha um papel importante na meditação mindfulness, porque, quando você medita, você não se concentra apenas no momento presente.

Você também está fazendo isso com uma atitude aberta e grata.

***Plano de Ação:*** Existem várias maneiras de expressar gratidão pelas pequenas coisas. O mais fácil seria agradecer a todos que o ajudaram, por mais pequeno que seja o gesto. Quando você reconhece os esforços de alguém para ser generoso, perceberá que também se sente mais livre e mais vivo.

Outra é terminar cada dia com uma reflexão sobre os eventos e as pessoas pelas quais você é grato. Mesmo apenas por um minuto, pense em três coisas que fizeram você se sentir bem naquele dia.

Por exemplo, você pode dizer: "Sou grato pelo café quente que aproveitei esta manhã. Isso me ajudou a ganhar energia para terminar minha tarefa matinal. Eu sou grato pela chuva hoje, porque fez a atmosfera mais fresca e aconchegante enquanto eu trabalhava no meu escritório. Eu sou grato por minha mãe, que amorosamente preparou um sanduíche de rosbife para mim para que eu pudesse desfrutar de um delicioso almoço."

*DEIXE IR*

Todo mundo passou por dificuldades em sua vida. Alguns podem considerá as suas muito piores do que as dos outros, mas tudo se resume ao fato de que a vida apresenta constantemente mudanças. Nada na vida é permanente, afinal. No entanto, o que torna difícil para alguns é que eles se tornam muito apegados a certas coisas, eventos e pessoas. Isso faz com que sofram quando ocorre uma mudança.

Através do mindfulness, você pode aprender a abandonar esses apegos. Pode ser difícil no começo, mas, eventualmente, a dor diminuirá. O que a atenção plena faz é ensinar você a reconhecer seus próprios apegos. Ao aceitá-lo, você pode avançar para deixá-los ir.

Plano de Ação: Sempre que você estiver chateado com alguma coisa, reflita sobre as qualidades que tornam um desafio para você desapegar. Isso pode ser uma coisa difícil de fazer, especialmente se você passou por uma perda, como um rompimento ou a morte de um ente querido. Também pode ser difícil abandonar pensamentos negativos, especialmente se alguém te fez mal no passado. No entanto, refletindo sobre o assunto, você também está reconhecendo seu apego a isso. Logo, descobrirá que isso não pertence mais ao seu momento presente. O momento presente é a sua verdadeira realidade, não o pensamento da coisa, o que faz você se sentir zangado ou triste. Ao reconhecer este fato, será mais fácil para você deixar ir mais facilmente.

Por exemplo, perdoar alguém por sua transgressão em relação a você no passado é uma maneira de deixar ir. Da mesma forma, expressar gratidão pelo tempo que você passou com um ente querido vai ajudá-lo a seguir em frente também. Deixando ir e focando no momento presente, você também se livra do sofrimento causado pelo apego.

Fazer do mindfulness uma parte de sua vida cotidiana ajudará você a apreciar cada momento. Além disso, permite tomar decisões mais sábias que podem levá-lo a um caminho melhor e a oportunidades mais frutíferas. O melhor de tudo, você ficará livre de arrependimento e ruminação. Uma vez que você chegou ao fim da sua vida, você pode olhar para trás com um coração gentil, aberto e agradecido.

## - CAPÍTULO 4 -
## MEDITAÇÃO DA RESPIRAÇÃO CONSCIENTE

De todas as diferentes práticas mindfulness no mundo, não há nada mais básico, ainda que profundo, como a respiração consciente. Sua respiração é a essência de sua vida e sem ela sua consciência deixará de existir. Portanto, seria sensato começar todas as suas sessões de meditação com essa prática fundamental.

A meditação de respiração consciente é a prática simples de se tornar totalmente consciente de sua própria respiração. Ao contrário do que alguns acreditam, você não tenta alterar sua respiração durante essa meditação, por exemplo, tornando cada respiração mais profunda ou mais longa. Em vez disso, você está simplesmente percebendo cada respiração natural à medida que vai e vem.

Como fazer a meditação de respiração consciente

Você pode praticar a respiração consciente, esteja sentado, em pé ou deitado. A sessão de meditação padrão pode durar apenas um minuto ou 20 minutos. Realmente é com você, mas se você sempre teve problemas para ficar parado, então você pode certamente ceder 1 ou 2 minutos para praticar a respiração consciente.

Aqui estão os passos para fazer isso:

*Passo 1:* Chegue a uma postura confortável. Você pode se sentar em uma almofada no chão, em uma cadeira ou deitar-se em um colchão. Certifique-se de que as costas estejam direitas com os ombros relaxados. Defina seu temporizador.

*Passo 2:* relaxe suas pálpebras. Eles podem cair ou fechar. Adote a atitude de abertura e curiosidade em relação ao momento presente. Você pode dizer: "Estou aberto, curioso e meditando".

*Passo 3:* concentre toda a atenção na sua respiração. Não altere seu padrão de respiração, mas se você não puder evitar, evite criticar a si mesmo, pois está perfeitamente bem.

Observe como seu corpo respira no ar pelas narinas, pela traqueia e pelos pulmões.

Torne-se consciente de como suas costelas e músculos abdominais se expandem à medida que seus pulmões se enchem de ar.

Observe como seus pulmões empurram o ar pela traqueia e pelas narinas.

*Passo 4:* Continue a focar nessas sensações de respiração. Quando você ouvir o cronômetro, permita-se um minuto ou dois para sair do estado meditativo suavemente. Não há necessidade de pressa.

Sempre que sua mente se desviar para outros pensamentos e sensações, simplesmente reconheça essa mudança de caminho, mas evite segui-la.

Não critique os pensamentos, pois é perfeitamente natural que eles estejam lá. Tudo o que você precisa fazer é se imaginar como uma montanha e os pensamentos como nuvens passageiras. Eles estão lá, mas você permanece estável e forte.

Uma vez que os pensamentos e sensações passem por você, volte seu foco para a sua respiração de uma maneira suave e gentil.
Depois de ler estes passos, você deve tentar respirar a meditação neste exato momento. Poupe apenas um minuto do seu tempo agora para praticá-lo. Lembre-se de que não há certo ou errado para fazer isso. O que importa é que você faça isso.
Depois de tentar a meditação da respiração, volte a esta página para seguir em frente.

*********************

Então, o que você acha da meditação da respiração? Não é tão intimidador quanto o que alguns podem acreditar, afinal! Na verdade, é tão simples.
Se você tivesse notado que seus pensamentos se afastaram várias vezes, não se preocupe porque sua mente simplesmente ainda não se ajustou à ideia de focar no núcleo do momento presente, sua respiração. Simplesmente volte a

notar a sua respiração, quando a mente vaguear novamente, simplesmente volte à respiração novamente.

Através da prática, você pode condicionar sua mente a se acostumar com a quietude, preparando-se para uma meditação mais longa e profunda mais tarde. No próximo capítulo, você aprenderá o próximo tipo fundamental de meditação mindfulness, que é a meditação sentada.

## - CAPÍTULO 5 -
## MEDITAÇÃO SENTADA

Você provavelmente já viu isso antes - uma pessoa sentada de pernas cruzadas sobre uma almofada macia no chão, os olhos fechados, as mãos descansando sobre os joelhos com as palmas para cima, com as pontas dos dedos e polegares quase se tocando. É a imagem por excelência da meditação sentada. Parece intrigante, romântica, etérea, mas é realmente simples quando você experimenta.

Algumas pessoas acham a quietude entediante, enquanto outras se movem inquietas enquanto passam por ela, na esperança de que algo miraculoso aconteça. No entanto, o mais interessante é que é apenas o processo de limpar a mente de memórias passadas e pensamentos futuros para abrir caminho para o que está acontecendo no momento presente. Não há objetivo final para isso. A meditação sentada é toda sobre a jornada e não o destino.

Tal conceito torna a meditação sentada uma prática altamente atraente para alguns, enquanto, para outros, é simplesmente estranha. É especialmente estranha para aqueles que esperam que os resultados advenham da dedicação do tempo para isso, ou aqueles que estão tão acostumados a se concentrar em outros pensamentos além do momento presente. Agora, enquanto não há nada de errado com isso, é importante desenvolver uma prática de meditação sentada simplesmente para alcançar o equilíbrio.

## ENCONTRANDO A POSIÇÃO CERTA PARA SENTAR

Quando se trata de praticar a meditação sentada, não há um caminho "perfeito". Tradicionalmente, os praticantes sentam-se em uma almofada no chão, cruzam as pernas em uma das várias posições (que você logo aprenderá) e, em seguida, começam a meditar. Outros preferem se sentar em uma cadeira com os pés no chão.

Para encontrar a melhor posição para você, experimente as diferentes maneiras até descobrir uma, o que faz com que você se sinta mais equilibrado, confiante e forte. Aqui estão algumas sugestões:

*Sentado em uma cadeira*

No mundo ocidental, sentar em uma cadeira revela-se mais convencional, especialmente se você trabalha atrás de uma mesa. Tome nota de como você geralmente se senta em uma cadeira.

Você se senta na postura certa, em que seus pés estão apoiados no chão e sua coluna está reta, da cabeça aos quadris?

Você se debruça de costas, ou se inclina muito para trás contra a cadeira?

Se você acredita que sua postura sentada não está correta, observe as razões pelas quais você não consegue se sentar ereto com os pés apoiados no chão. É possível que a cadeira esteja muito alta ou muito baixa. Se assim for, você pode usar uma pilha de livros, um banquinho ou outras ferramentas para colocar sob seus pés ou as pernas da sua cadeira para nivelar tudo. Uma vez que você é capaz de fazer isso, você notará que é muito mais fácil se sentar em linha reta.

Quanto às suas mãos, você pode gostar de colocá-las de joelhos. Se você optar por deixar as palmas das mãos viradas para cima, é uma maneira de sinalizar a aceitação total. Se você fizer com que eles se voltem para baixo, então é um sinal de estar ancorado. Se não for confortável descansar as mãos diretamente sobre os joelhos ou o colo, você pode colocar uma almofada no colo e colocar as mãos em cima.

Finalmente, observe a posição da sua cabeça no seu pescoço. Deixe que seja levantado naturalmente quando você endireitar a coluna, não deixando o queixo descer demais ou subir muito alto.

Feche os olhos e traga seu foco para as sensações do seu corpo enquanto se ajusta a uma confortável posição sentada em sua cadeira. Depois de alcançar o equilíbrio perfeito entre relaxamento e confiança, você está pronto para iniciar a sessão de meditação.

## SENTANDO-SE NO CHÃO

Há algo de primordial sobre meditar no chão, possivelmente porque nos faz sentir mais fundamentados e conectados com a natureza. Se você preferir fazer a meditação sentada nesta postura tradicional, você pode tentar qualquer uma das seguintes posições para encontrar uma que melhor se adeque a você agora.

Antes de começar qualquer uma delas, sempre estique e balance suas pernas antes. Também é uma boa ideia girar seus tornozelos no sentido horário e anti-horário para prepará-los para a postura.

Para iniciantes, a posição sentada mais fácil no solo é chamada de Posição Birmanesa. Isso envolve sentar-se em uma almofada no chão com uma perna dobrada na frente da outra. Para tentar isso, escolha uma almofada macia para sentar e, em seguida, abaixe-se sobre ela.

Quando as nádegas estiverem na almofada, deixe os joelhos tocarem o chão. Se os seus joelhos estiverem muito altos e impossíveis de trazer para o contato com o chão, então você pode apoiá-los com algumas almofadas por baixo.

Em seguida, coloque cuidadosamente o calcanhar esquerdo perto da coxa direita interna. Eles podem tocar-se, mas isso não é necessário. Deixe a perna direita em frente da perna esquerda com o calcanhar próximo ou tocando a coxa esquerda interna. Ajuste a posição até se sentir mais estável e confortável. Endireite a coluna, mas não de maneira tensa.

Finalmente, coloque as mãos nos joelhos ou em uma almofada no colo. Certifique-se de que os ombros estão retos, mas relaxados. Quando estiver pronto, você pode começar com a meditação.

Qualquer que seja a sua posição, você deve simplesmente estar confortável. Também é bom lembrar de manter a coluna ereta, mas não tensa. Ao fazer isso, você não apenas tratará bem seu corpo através da postura correta, mas também permitirá que ele influencie sua própria autoconfiança. Alguns gostam de imaginar que, sentando-se eretos e altos, eles se tornam uma montanha alta e forte.

## COMO PRATICAR A MEDITAÇÃO SENTADA

Você pode praticar meditação sentada em qualquer lugar e a qualquer hora do seu dia. No entanto, a maneira mais eficaz de criar um hábito é escolher um tempo fixo dedicado a ele. Por exemplo, alguns preferem fazê-lo logo de manhã, logo após beber um copo de água para se refrescar. Outros gostam de fazer isso no escritório durante o intervalo. Alguns gostam da rotina de fazer meditação sentada antes de dormir.

Depois de escolher seu próprio horário especial, o próximo passo é determinar o tempo que você quer praticá-lo. É altamente recomendado que os iniciantes experimentem a meditação sentada por 3 minutos e vejam quão bem eles respondem. Após cerca de uma semana ou duas, você pode decidir prolongar o tempo, digamos, 5 minutos em vez de 3 minutos. Defina um temporizador com um toque ou campainha suave para informar quando o tempo que você definiu acabar.

Finalmente, escolha um lugar confortável onde nada e ninguém exigirá sua atenção durante o tempo que você reservou para a meditação sentada. Na verdade, é aconselhável que os iniciantes escolham um lugar onde ninguém possa incomodá-los.

Agora, depois de preparar todos esses elementos, você pode seguir os seguintes passos para praticar a meditação sentada:

Agora, depois de lançar todos esses elementos, você pode seguir os seguintes passos para praticar a meditação sentada:

*Passo 1:* Sente-se na cadeira ou em uma almofada no chão. Ajuste até que você esteja sentado reto, mas confortavelmente imóvel. Comece o temporizador.

*Passo 2:* Relaxe suas pálpebras - deixe-as cair ou até fechar - e posicione as mãos nos joelhos, no colo ou em uma almofada no colo.

*Passo 3:* Adote a intenção de curiosidade no momento presente. Você está prestes a se concentrar nisso de maneira curiosa, aberta e sem julgamento. Você pode até dizer calmamente: "Estou curioso, estou aberto, estou meditando".

*Passo 4:* Traga sua atenção para sua respiração. Observe as sensações que você sente a cada inspiração e expiração.

Siga o caminho do ar ao entrar nas narinas, depois pela traqueia e pelos pulmões. Perceba a sensação em seu peito enquanto sua caixa torácica se expande para permitir a entrada do ar.

Ao expirar, observe como o ar sai de seus pulmões, sobe novamente pela traqueia e sai pelas narinas.

*Passo 5:* Continue a descansar sua atenção em sua respiração pelo tempo que desejar.

Sempre que sua mente se desviar, permita que os pensamentos passem por você gentilmente. Evite ficar muito envolvido neles. Suavemente guie seu foco de volta para sua respiração.

*Passo 6:* Deixe seu foco se expandir da sua respiração para o seu corpo. Observe as sensações que seu corpo sente quando você se senta.

Torne-se consciente do equilíbrio e estabilidade que seu corpo alcançou. Ao inspirar, observe como o ar em seus pulmões expande todo o seu corpo e observe a mudança que causa quando você expira.

*Passo 7:* Continue a focar neste momento presente até ouvir o seu temporizador soar. Quando isso acontecer, dê a si mesmo um minuto ou dois para sair gentilmente da meditação. Não há necessidade de pressa.

Depois de ler estes passos, você pode tentar experimentar a meditação sentada agora mesmo. Ajuste o temporizador e dê uma chance a isso. Depois de tentar, volte a esta página e continue a ler.

\*\*\*\*\*\*\*\*\*\*\*\*\*\*\*\*\*

Então, como foi a sua experiência de fazer a meditação sentada? Que sensações e emoções você sentiu depois de ter tentado a meditação sentada? Continue praticando sempre que quiser, porque depois de ter condicionado o corpo e a mente para se abrir mais para a quietude do momento presente, você estará mais pronto para adicionar mais passos e práticas à sua sessão de meditação sentada. No próximo capítulo, você aprenderá como incorporar mais passos de meditação que se movem em direção ao relaxamento profundo que pode ser usado para se basear nessa meditação sentada básica.

## - CAPÍTULO 6 -
## MEDITAÇÃO MINDFULNESS PARA RELAXAMENTO PROFUNDO

Se você tentar imaginar como é a sensação do relaxamento profundo, perceberá que isso faz com que você sinta que está flutuando nas nuvens, aberto, sem limites e despreocupado. Você estará totalmente imerso no momento presente, tanto que sua mente estará cheia apenas de contentamento, bondade e gratidão. No mundo acelerado de hoje, você pode pensar que o relaxamento profundo é inatingível, mas a verdade é que a meditação mindfulness pode ajudá-lo a chegar lá.

*REDUZIR O ESTRESSE*

Antes de iniciar sua sessão de meditação para um relaxamento profundo, você deve primeiro entender que o relaxamento só é possível quando você não está em um estado de estresse. Como você deve saber, o estresse é experimentado quando a mente percebe algo como uma ameaça, seja de forças externas (como seu chefe lhe criticando) ou internas (como uma memória humilhante do passado). Será difícil para você entrar em um estado de relaxamento profundo quando sua mente estiver completamente estressada. A primeira coisa que você deve fazer é se tornar mais consciente de como se sente estressado. Pode parecer contra intuitivo fazê-lo, mas quando você reconhece seus sentimentos de estresse, sua mente pode lidar diretamente com a questão. Quanto mais cedo você fizer isso, mais cedo você pode reduzir seus níveis de estresse. Aqui estão alguns dos passos que você pode aplicar ao praticar mindfulness para ajudar a diminuir seus níveis de estresse (especialmente antes de meditar para um relaxamento profundo):

*Passo 1:* Vá para um lugar calmo e relaxante, onde ninguém irá incomodá-lo por um tempo. Sente-se ou deite-se confortavelmente.

*Passo 2:* Relaxe as pálpebras e coloque as

mãos nos joelhos ou no colo, se estiver sentado, ou na barriga, se estiver deitado.

*Passo 3:* Traga sua atenção para a sua respiração. Você está respirando naturalmente, ou está tomando suspiros curtos? Descreva como você está respirando.

Exemplo: Eu acabei de perceber que prendi a respiração. Agora estou respirando brevemente.

*Passo 4:* Mude sua consciência para o seu coração. Descreva o quão rápido seu coração está batendo. Numa escala de 1 a 10, com dez sendo muito rápidos, quão rápidos são os batimentos cardíacos?

Exemplo: meu coração está batendo tão rápido, eu diria que é um 10.

*Passo 5:* Mude sua consciência para sua mente. Você é um observador de seus próprios pensamentos. Observe os pensamentos que passam pela sua mente sem julgamento. O que seus pensamentos lhe dizem? Você pode dizer o que tem atormentado seus pensamentos? Exemplo: Meus pensamentos são sobre o exame de amanhã. Meus pensamentos estão cheios de preocupação de que eu possa falhar no exame. Meus pensamentos são sobre mim não se concentrando bem o suficiente enquanto estudava.

*Passo 6:* Descreva os pensamentos em relação às suas emoções. Quais são esses pensamentos que fazem você se sentir estressado? Que tipos de emoções são evocadas por causa desses pensamentos? Exemplo: Meus pensamentos preocupantes estão me deixando ansioso e estressado. Meus pensamentos negativos estão me fazendo sentir deprimido e em pânico.

*Passo 7:* Mude sua consciência para suas reações correntes aos pensamentos. Pergunte a si mesmo se suas reações correntes são úteis para sua situação estressante ou não. Tome seu tempo, especialmente se os pensamentos estressantes são esmagadores. Exemplo: Meus pensamentos preocupantes estão me deixando estressada. Isso é útil para mim? Poderei me sair bem no exame por causa disso? Eu

sinto que isso não é útil.
*Passo 8:* Reconheça a sua situação e, em seguida, responda atentamente às suas reações correntes com base na conclusão que você desenhou. Torne-se consciente do momento presente e de como você tem o poder de escolher como usá-lo. Exemplo: me sinto estressado por causa do exame de amanhã. Não posso me concentrar nos meus estudos por causa disso. Minha mente está desordenada agora. Eu preciso relaxar. Uma vez que você tenha se tornado consciente da causa do seu estresse, você descobrirá que é mais fácil relaxar. Depois disso, você pode optar por anotar todas as soluções que você possa ter levantado durante a sessão. Você pode então fazer uma meditação consciente para um relaxamento profundo.
*MEDITAÇÃO MINDFULNESS PARA UM RELAXAMENTO PROFUNDO*
Meditar para relaxamento profundo ajudará a acalmar suas emoções e pensamentos e permitirá que você veja as coisas com mais clareza. Você pode então

encarar seus problemas com uma perspectiva nova e positiva. Mesmo que você não tenha problemas em sua vida agora, ainda assim seria bom para você relaxar e ter as ferramentas para lidar com as dificuldades da vida que certamente virão em algum momento. Os passos seguintes irão guiá-lo através de uma prática consciente de relaxamento profundo. Tome seu tempo para praticar isso sem cair no sono. Após a sessão, observe como você se sente renovado e revigorado.

*Passo 1:* Encontre um lugar tranquilo onde você possa deitar-se ou sentar-se confortavelmente. Ative alguma música de meditação relaxante, se quiser. Por exemplo, tente procurar por "Música Tibetana de Cura Profunda" on-line e reproduza-a.

*Passo 2:* Deite-se em um colchão confortável ou poltrona. Mantenha as costas retas e os ombros relaxados. Permita que suas pálpebras caiam ou fechem. Respire naturalmente.

Passo 3: Coloque uma mão na barriga e

outra no peito.
*Passo 4:* Tome pelo menos 10 respirações profundas com a mente concentrada inteiramente em cada respiração. Observe como sua barriga sobe a cada inspiração e cai a cada expiração. Observe como a mão no seu peito permanece imóvel.
*Passo 5:* Continue a inspirar e expirar profundamente até perceber uma alteração na frequência cardíaca e na respiração.
*Passo 6:* Mude sua consciência para o seu coração. É uma batida constante? Se continuar batendo rápido, mude o foco de volta para a respiração e continue respirando fundo.
Não critique seu coração por continuar batendo rápido. Simplesmente foque em cada respiração profunda até se sentir mais leve e relaxado. Quando sua mente começar a se direcionar para outros pensamentos, observe os pensamentos como se você fosse um estranho olhando para dentro e, em seguida, atraia sua mente de volta para suas respirações profundas.

*Passo 7:* Mude seu foco para a música relaxante. Observe a ascensão e queda da melodia sem julgamento. Deixe que as vibrações da música ressoem em seus ouvidos e se expandam por todo o corpo. Encha sua mente completamente com o som.

*Passo 8:* Mude sua consciência para o seu coração. Sinta-o batendo de forma constante dentro do seu peito. Inspire profundamente enquanto se concentra no seu coração. Expire lentamente. Continue a focar no seu coração a cada respiração até sentir todo o seu corpo ficar completamente relaxado.

*Passo 9:* Tome consciência da sensação de relaxamento. Em sua mente, examine seu corpo em busca de partes tensas e permita que cada parte, uma a uma, relaxe e afunde no colchão ou na cadeira. Por exemplo, se você perceber que suas mãos estão cerradas, permita que elas relaxem a cada respiração. Não faça julgamentos de qualquer tensão que você tenha. Simplesmente permita aquela parte do seu corpo liberar a tensão quando

estiver pronta.
*Passo 10:* Concentre sua atenção em todo o seu corpo. Note como está completamente relaxado agora que cada parte dele se entregou voluntariamente.
*Passo 11:* Mude sua atenção de volta para sua respiração. Desta vez, não tente controlá-la. Permita que seu corpo respire como naturalmente faria. Se sua mente começar a se demorar em seus pensamentos, em vez de cada respiração, traga-a de volta gentilmente. Mergulhe completamente para observar cada inspiração e expiração.
*Passo 12:* Neste ponto, você já pode estar em estado de relaxamento profundo. Fique atento ao completo conforto que você está sentindo neste momento presente. Você pode sair da meditação quando estiver pronto para enfrentar o resto do seu dia.
Depois de alcançar um relaxamento profundo, você notará que sua mente ficará mais clara e mais positiva. Você começará a ver a vida através de uma perspectiva diferente e terá uma visão

mais geral sobre as coisas, sobre o que importa.

## - CAPÍTULO 7 -
## MEDITAÇÃO MINDFULNESS PARA LIDAR COM A ANSIEDADE

Todos nós sentimos ansiosos de vez em quando. É completamente natural sentir-se ansioso ao pensar em algo que nos importa. O problema, no entanto, está nos hábitos que fazem com que você se sinta ansioso por longos períodos de tempo, a ponto de fazer com que a qualidade de sua vida sofra.

De acordo com os psiquiatras, um transtorno de ansiedade é ter um estado relativamente permanente de nervosismo e preocupação que ocorre em vários graus.

Em alguns casos, leva a um ataque de pânico ou comportamento compulsivo que pode prejudicar a pessoa afetada e aqueles que a rodeiam. Se você sente que a sua ansiedade não está mais sob seu controle, e se você acredita que não está mais vivendo o tipo de vida que deseja por causa disso, então deve procurar ajuda profissional.

Entretanto, se você sabe que ainda está no controle e tem confiança para superar sua ansiedade, a meditação mindfulness pode ajudá-lo a lidar com isso. Pode parecer loucura pensar que reconhecer a ansiedade irá ajudá-lo a lidar com isso, mas quando você enfrenta o problema em vez de fugir dele, você tem uma chance maior de superá-lo. Ele também fará muito bem ao praticar técnicas de meditação mindfulness, como a meditação sentada e a meditação da respiração consciente, durante os períodos em que você não estiver sentindo ansiedade. Dessa forma, você pode condicionar seu corpo e sua mente a ficarem mais abertos a relaxar e a se envolver mais no momento presente, em vez de refletir sobre fatores além do seu controle.

## MEDITAÇÃO MINDFULNESS GUIADA PARA LIDAR COM A ANSIEDADE

A melhor maneira de aplicar o mindfulness para lidar com a ansiedade é através da meditação guiada. Meditação guiada é quando você está ouvindo uma voz gravada de um guru ou professor de meditação enquanto medita. Através da meditação guiada, você pode confiar na voz do guru para ajudá-lo a observar seus pensamentos de uma maneira mais confiante, racional e sem julgamento. Há uma abundância de gravações gratuitas guiadas de meditação mindfulness online. Você também pode encontrar muitos aplicativos gratuitos para todas as principais marcas de computadores, tablets e telefones que podem ser baixadas.

No entanto, se você não tiver acesso a eles, poderá fazer com que um amigo ou amiga de confiança leia para você os passos a seguir, de modo que possa ouvir a voz dele ou dela ao meditar:

*Passo 1:* Sente-se confortavelmente e feche suavemente os olhos.
*Passo 2:* Inspire lenta e profundamente e depois expire suavemente. Inspire profundamente mais uma vez e, novamente, expire.
*Passo 3:* Continue a respirar profundamente. Inspire e absorva a felicidade, a luz e a paz do universo. Expire e libere a tristeza, o peso e a preocupação. Tome seu tempo para inspirar toda a bondade e expirar todas as preocupações.
*Passo 4:* Comece a respirar como faria normalmente, sem esforço. Concentre-se na respiração enquanto o ar entra pelas narinas, desce pela traqueia e enche os pulmões. Observe como seus pulmões empurram o ar de volta pela traqueia e para fora de suas narinas. Continue a respirar normalmente e concentre-se mais em sua respiração.
*Passo 5:* Gentilmente traga seu foco para sua mente. Seja curioso e aberto para os pensamentos que sua mente está criando. Observe sem qualquer crítica. Torne-se consciente dos pensamentos que fazem

você se sentir ansioso. Honestamente, reconheça a emoção que você está sentindo. Você pode dizer para si mesmo: "Estou me sentindo ansioso".

*Passo 6:* Observe como sua mente se move em direção a cenas ou palavras que fazem você se sentir ansioso. Observe-os, mas fique desapegado. Ao se deparar com um pensamento preocupante, diga a si mesmo: "isso é um pensamento", e então deixe-o passar. Repita isso com cada pensamento.

*Passo 7:* Depois de rotular todos os pensamentos que surgiram em sua mente como o que eles são - pensamentos - você pode suavemente direcionar seu foco de volta para sua respiração. Cada vez que um pensamento preocupante retorna, rotule-o novamente como "um pensamento" e concentre-se em sua respiração.

Continue a concentrar-se em sua respiração até sentir-se mais calmo e relaxado, em seguida, saia suavemente do estado meditativo e permita-se descansar por alguns minutos antes de prosseguir com o seu dia. Ao praticar isso regularmente, você perceberá que seus pensamentos não são sua realidade. Em vez disso, a verdadeira realidade é o momento presente, onde você está vivo e no controle do seu comportamento. Ao tomar consciência de sua ansiedade e da presença de seus pensamentos preocupantes, você pode abordar a situação estressante de maneira calma e coletiva. Você também aprenderá a interpretar se uma preocupação é racional ou irracional e se você tem controle sobre ela ou não. Quando você faz isso, você não fica mais sobrecarregado pela sua ansiedade. Em vez disso, você aprende a assumir as coisas que você pode controlar e aceitar aquelas que você não pode.

## - CAPÍTULO 8 -
## MEDITAÇÃO MINDFULNESS PARA AJUDAR A LIDAR COM DORES FÍSICAS

A aplicação de práticas de mindfulness para pacientes com dor crônica e outras condições médicas começou nos Estados Unidos e começou a se espalhar pelo mundo. Isso ocorre porque um número crescente de estudos continua a provar que as terapias, incluindo a meditação mindfulness, ajudaram os pacientes a reduzir seus níveis de estresse e lidar com a dor e a ansiedade. O interessante da meditação mindfulness é que ela não necessariamente faz a dor desaparecer. Ela ajuda a pessoa a lidar com isso de uma maneira positiva. Em outras palavras, eles começam a reduzir seu medo da dor e começam a libertar suas mentes dela. Este senso de consciência de sua própria dor lhes permite dar um passo para trás de pensamentos negativos esmagadores. Por exemplo, eles notariam que a presença de dor física não significa necessariamente que devem permitir que sua mente sofra também. Eles se sentirão menos solitários, assustados e deprimidos, e mais confiantes, perdoadores e otimistas.

Agora, quanto mais uma pessoa com dor crônica medita a cada dia, mais forte sua mente se torna naturalmente. Como resultado, seus níveis de estresse diminuirão, seu sistema imunológico melhorará e ele poderá acelerar o processo de cura.

## COMO LIDAR COM A DOR FÍSICA ATRAVÉS DA MEDITAÇÃO MINDFULNESS

Os médicos classificam a dor física em dois tipos principais - aguda e crônica. A dor aguda é sentida uma vez e dura apenas um curto período de tempo, especificamente dentro de 12 semanas. Medicina ajuda a fornecer alívio imediato para essa dor. A dor crônica, por outro lado, é do tipo que dura por mais de 12 semanas e geralmente causa transtornos na vida normal e cotidiana da pessoa. Qualquer que seja o tipo de dor física que você experimente em qualquer momento de sua vida, é sempre importante dar os passos necessários para o alívio. Dessa forma, você pode voltar para as rotinas habituais que você gosta. Um desses métodos que podem ajudá-lo a lidar com a dor que você está experimentando atualmente é a meditação mindfulness. O que ela faz é permitir que você aceite a dor como ela acontece. Talvez isso pareça absurdo no começo, mas daqui a pouco você entenderá porque isso pode realmente ajudá-lo. Primeiro, é importante entender que a dor não é igual a sofrimento. A dor é uma sensação natural sentida como parte de estar vivo. É algo que todos experimentam de vez em quando. Até serve para um propósito positivo em sua vida - isto é, para você saber que algo está errado. Sem dor, você terá dificuldade em encontrar uma maneira de se curar da condição subjacente. É como se o sino fosse tocado em uma aldeia logo antes da calamidade.

No entanto, é importante lembrar que a dor não significa que você está designado a sofrer. Se você acredita estar *sofrendo* de dor, então é mais provável que você tenha pensamentos autodestrutivos que só causarão mais danos à sua saúde. No outro extremo do espectro, se você negar que a dor está lá, a facilidade só durará um pouco porque não se pode deixar de *sentir* a dor novamente.
Em vez disso, a melhor maneira de lidar com a dor é estar atento à medida que surge. Assim que sentir a dor, lembre-se de que ela existe apenas no *agora*. Faz parte do momento presente, o que o torna impermanente. Ao aceitar este fato, você naturalmente fica menos estressado pela dor.
A seguir, está um exercício de meditação de mindfulness curto que você pode aplicar facilmente sempre que começar a sentir dor:
*Passo 1:* Sente-se ou deite-se em uma posição que seja mais confortável para você.
*Passo 2:* Comece a focar sua respiração.

Mesmo que a dor comece a diminuir e fluir, continue a se tornar consciente a cada inspiração e expiração. Adote uma sensação de gratidão e bondade para com as narinas, os pulmões, a barriga e o corpo por respirar.
*Passo 3:* Quando estiver pronto, traga sua atenção para como a dor exige sua atenção. Tente associá-lo a imagens mentais de uma certa forma, tamanho, cor ou textura.
Pode ser difícil no começo, mas à medida que você continua a respirar, você se torna menos crítico e mais curioso. Torne-se um observador da dor como ela ocorre e, com cada sensação ou emoção que vem, reconheça isso dando um nome a ela.
Aqui está um exemplo do que pode acontecer em sua mente enquanto você pratica a meditação mindfulness para lidar com a dor:
Eu estou inspirando e estou expirando. Eu noto a dor, estou ciente de que sou mais que a dor. Percebo a raiva crescendo em mim, estou

ciente de que sou mais do que essa raiva. Estou ciente do sentimento de frustração, estou ciente de que sou mais do que essa frustração.

Tenha em mente que, enquanto a meditação mindfulness pode ajudá-lo a lidar com a dor, é sempre importante procurar assistência médica imediata assim que a sentir. Somente depois que o seu médico lhe prescrever os passos que você precisa dar para a cura, deve aplicar a meditação para lidar com a dor depois. Também é melhor consultar o seu médico sobre você estar considerando a meditação mindfulness para ajudá-lo a controlar a dor.

Alguns podem pensar que a meditação da atenção plena é semelhante a uma droga placebo, ou uma substância não reativa (normalmente chamada "pílulas de açúcar") dada aos hipocondríacos para fazê-los se sentir melhor, ou a pacientes em pesquisa de drogas controladas por placebo. No entanto, o que alguns pesquisadores notaram sobre aqueles que tomaram o remédio placebo é que esses pacientes começarão a se sentir melhor ou até mesmo apresentarão sinais de melhora fisiológica mesmo depois de tomar essas pílulas. A razão é que a crença e a confiança desses pacientes nas "pílulas" dadas a eles lhes deram a força mental e a convicção de que eles serão curados. Isso é chamado de "Efeito Placebo" e simplesmente mostra que seu estado de espírito tem mais poder sobre o processo de cura do que você pensa. Claro, isso certamente não significa que a meditação mindfulness deva substituir a medicina convencional. Em vez disso, deve ser altamente considerado como uma forma de terapia suplementar que pode ajudá-lo a lidar e possivelmente curar-se de dores crônicas e outras condições médicas. Naturalmente, isso só funcionará se você mergulhar totalmente na meditação por sua causa em si, em vez de fazê-lo na esperança de que isso o cure. É por isso que é importante conhecer o verdadeiro significado do mindfulness e como praticá-lo sem formar expectativas.

## - CAPÍTULO 9 -
## MEDITAÇÃO MINDFULNESS PARA CONTROLAR A RAIVA

A raiva é uma emoção natural. Todos a experimentam sempre que encaram uma situação em que enfrentam uma ameaça percebida. É quase impossível suprimir a raiva assim que ela surge. No entanto, é definitivamente possível controlar seu comportamento como uma resposta a ele. Infelizmente, muitas pessoas não sabem que têm o poder de controlar sua raiva. Alguns permitem que sua raiva os consuma. Como resultado, eles enfrentam consequências terríveis, como a perda de entes queridos, a prisão ou pior. A boa notícia é que existem muitas estratégias que você pode aplicar para ajudá-lo a lidar com uma emoção tão forte, e a meditação mindfulness é uma delas. A principal razão pela qual a meditação mindfulness pode ajudá-lo a controlar a raiva é que ela reduz naturalmente os níveis do hormônio do estresse, cortisol, em seu corpo. O cortisol é a razão pela qual você tem pressão arterial elevada, ritmo cardíaco mais acelerado e músculos tensos quando está estressado ou com raiva. Se você constantemente tem altos níveis de cortisol, sua saúde vai sofrer. Ao praticar a meditação mindfulness, você será melhor em manter a calma e manter a presença de espírito durante uma situação estressante. Assim, seu corpo é menos propenso a produzir níveis tão altos de cortisol. Além disso, a meditação mindfulness também é cientificamente comprovada para melhorar o humor de alguém. Quando você medita regularmente no momento presente, você constrói o hábito de pensar positivamente. Quanto mais você pratica a meditação mindfulness, mais provável é que o seu corpo produza o hormônio serotonina. A serotonina é um neurotransmissor que pode ajudar você a se sentir bem. Também permite pensar de maneira mais racional e positiva diante de uma situação negativa.

## COMO CONTROLAR A RAIVA ATRAVÉS DA MEDITAÇÃO MINDFULNESS

O que você deve fazer da próxima vez que começar a sentir raiva? Você certamente sabe que reagir imediatamente pode levar a consequências negativas irreversíveis. Da próxima vez que você sentir que a raiva está crescendo em você, saia da situação estressante, se puder, e encontre um local tranquilo onde possa meditar. Quando estiver em um lugar mais seguro, veja os passos de meditação que você pode aplicar:

*Passo 1:* Reconheça as sensações físicas que a raiva está provocando em seu corpo. Assim que começar a sentir o aumento do cortisol na corrente sanguínea, observe como você sente o coração, o estômago e a cabeça. Torne-se consciente do aumento da frequência cardíaca e da respiração. Observe se você está tenso em certas partes do seu corpo.

*Passo 2:* Tome 10 respirações profundas. Feche os olhos e concentre-se totalmente em sua respiração. Inspire profundamente pelas narinas e sopre para fora através da boca em forma de um O. Continue fazendo isso 10 vezes ou mais. Ao fazê-lo, imagine que o ar que você respira está cheio de paz e tranquilidade, e o ar que você está soprando contém a raiva dentro de você.

*Passo 3:* Quando as sensações físicas provocadas pela sua raiva começarem a diminuir, concentre sua atenção na emoção que está sentindo de uma maneira aberta, curiosa e sem julgamento. Imagine-se como uma terceira pessoa que está observando a raiva, mas que não tem nada a ver com isso. Tome seu tempo para entender sua raiva. Visualize-a como se tivesse forma, cor, tamanho, cheiro e textura.

Se você começar a sentir a raiva se elevar novamente, volte a respirar fundo e se concentre em cada respiração até que as sensações físicas desapareçam mais uma vez.

*Passo 4:* Depois que sua raiva tomou forma em sua mente, mude seu foco para seus pensamentos. Ouça seus pensamentos como se você fosse uma terceira pessoa mais uma vez. Observe as palavras que seus pensamentos escolhem para descrever como você se sente, mas sem julgamento.

*Passo 5:* Reconheça a presença de sua raiva e as palavras que formam seus pensamentos. Aceite que é assim que você se sente sobre a situação. Você pode até se expressar verbalmente, desde que ninguém possa ouvi-lo (se você quiser manter a privacidade com seus pensamentos).

Por exemplo, você pode silenciosamente sussurrar: "Há raiva dentro de mim porque acho que meu chefe é muito injusto comigo. Eu acho que ele é injusto porque Tanya foi promovido em vez de mim. Acho que é injusto porque trabalhei muito mais do que ela, mas ela levou todo o crédito.

*Passo 6:* Continue a se permitir reconhecer sua raiva de uma maneira honesta e sem julgamento. Ao fazer isso, imagine-se observando seus pensamentos e emoções vagando como se você fosse um mero observador que não seja afetado por esses pensamentos e emoções. Você está ciente deles, mas não os toca. Isso ajuda a imaginar seus pensamentos e raiva como se eles fossem cavalos selvagens correndo como loucos dentro de sua cabeça. Deixe-os correr até se desgastarem e evite entrar em contato com eles.

*Passo 7:* Uma vez que você sinta que sua mente se cansou de expressar sua raiva e pensamentos, traga seu foco de volta para suas sensações corporais. Observe se o seu ritmo cardíaco melhorou e você está tomando fôlego. Observe se ainda há tensão no seu corpo. Se você perceber que seu corpo não está mais exibindo as sensações físicas causadas pela raiva, então você pode gentilmente sair do estado meditativo. Nesse ponto, você estará pronto para chegar a uma solução clara e calma para o problema que o irritou. Você não vai mais reagir, mas responder. Por outro lado, se você ainda sente a raiva aumentando mais uma vez, você pode passar pela meditação mais uma vez ou expressar sua raiva de uma maneira mais produtiva, como através do exercício. Não importa o quão sério você ache seus problemas de raiva, você deve se lembrar de não deixar que isso tome conta de você. No entanto, se você tem constantes problemas com suas emoções, mesmo que tente muito controlá-las, não hesite em procurar orientação profissional, pois pode muito bem salvar sua vida.

## - CAPÍTULO 10 -
## COMO PERMANECER MOTIVADO A PRATICAR A MEDITAÇÃO MINDFULNESS

Ao chegar a este capítulo, é seguro supor que você adquiriu uma apreciação mais profunda pelo mindfulness e pelo desejo de fazer da meditação uma parte de sua rotina diária. Agora a questão é: como você mantém esse zelo? Em outras palavras, como você se mantém motivado para meditar, não importa o quão "ocupado" seja a agenda de hoje? Aqui, você pode encontrar as estratégias para mantê-lo motivado a meditar pelo resto de sua vida.

*IDENTIFIQUE OS OBSTÁCULOS*
Para criar uma solução para qualquer problema, o primeiro passo é identificar a causa. Pergunte a si mesmo: "O que está me impedindo de meditar hoje?". Responda da forma mais honesta possível, sem se julgar. Alguns dos obstáculos mais comuns à meditação regular são: você está "ocupado demais", "não está no clima" ou "muito inquieto".

É natural evitar algo que você ainda não tenha se tornado um hábito, afinal. O importante aqui é que você pode anotar todas as razões que sua mente pode criar. Na verdade, você pode até usar a meditação mindfulness para se conscientizar do que está impedindo você de praticá-la regularmente. Tente fazer cinco ou dez minutos de meditação da respiração consciente. Ao fazer isso, reconheça qualquer um dos pensamentos que cruzam sua mente enquanto você medita. Após a sessão, anote esses pensamentos e considere se eles podem ser obstáculos.

*SUPERE OS OBSTÁCULOS*

Depois de identificar os obstáculos, o próximo passo é fazer ajustes para que sua mente não os perceba mais assim. Isso ajuda a criar uma lista composta de duas colunas: a primeira coluna contém os obstáculos e a segunda contém a melhor solução que você pode criar para cada um. Por exemplo, se você acha que não tem tempo para gastar 20 minutos por dia meditando, reserve 5 minutos em vez disso.

Se você se distrair facilmente sempre que meditar, agende-a pela manhã logo após acordar ou antes de ir para a cama à noite. A maioria das pessoas ainda estará dormindo ou cansada demais para distraí-lo durante esses momentos.

## CRIE UM "CANTO DE MEDITAÇÃO" FIXO

Não importa onde você mora ou trabalha, sempre pode encontrar um lugar tranquilo onde você possa meditar por alguns minutos todos os dias. Ao criar este pequeno espaço, você tem mais chances de se retirar para ele e praticar a meditação da atenção plena. Ter que encontrar constantemente um lugar, por outro lado, pode desencorajá-lo a torná-lo um hábito.

Uma ótima ideia é montar um cantinho no seu quarto dedicado exclusivamente à meditação. Coloque uma almofada sobre ela e adicione alguns itens que você sente que irão definir o humor certo para meditar.

Alguns gostam de se concentrar em uma luz de velas, então eles mantêm uma vela por perto (apenas certifique-se que está a uma distância segura de qualquer coisa que possa pegar fogo). Alguns gostam de meditar em perfumes, então eles acendem diferentes incensos em cada sessão. Outros gostam de se sentar ao lado de uma janela de frente para um jardim, porque olhar para a natureza os ajuda a relaxar. Se eles não têm o luxo de enfrentar um jardim, eles vão pendurar uma imagem calma na parede. Como você projeta seu cantinho de meditação depende inteiramente de você.

*AGENDE SUAS MEDITAÇÕES*

Se você é o tipo de pessoa que gosta de usar um planejador ou um calendário para marcar compromissos, então você pode, definitivamente, fechar um horário para uma sessão de meditação em seu dia, não importa o quão curto seja. Por exemplo, se você achar que tem um tempo livre de 15 minutos entre duas reuniões, pode usá-lo para agendar sua sessão de meditação. Outra ótima maneira para ajudar a se lembrar de meditar regularmente é definir um alarme no seu smartphone. Dessa forma, isso não deixará de passar por sua mente.

*TOQUE MÚSICA DE MEDITAÇÃO*
A maioria das pessoas gosta de ouvir música. Se você não é uma exceção a isso, então você definitivamente apreciará a meditação mindfulness ainda mais se você tocar música relaxante em segundo plano. Você pode escolher entre centenas de músicas de meditação gratuitas online, começando pelo YouTube. Vá em frente e ouça uma agora mesmo. Depois de escolher algumas músicas que você realmente gosta, você pode criar uma lista de reprodução para tocar durante cada sessão de meditação.

*ADICIONE VARIEDADE*
Se você ficar entediado com a mesma rotina de meditação de sempre, você, definitivamente, tem controle total para mudar. Fazer algo novo que o manterá desafiado e ainda mais motivado. É assim que funciona a mente humana. Por exemplo, você pode tentar a meditação caminhante um dia, depois meditação sentada no dia seguinte. Você

também pode tentar praticar mindfulness ao respirar, mas, também pode praticar mindfulness enquanto ao comer. Se você está entediado com o mesmo velho canto de meditação, saia e medite no parque ou na praia. Você pode até se concentrar no momento presente enquanto ouve sua música favorita. Você também pode experimentar diferentes aplicativos de meditação de mindfulness em seu smartphone, pois cada aplicativo vem com seus próprios estilos especiais.

*JUNTE-SE A UMA COMUNIDADE*
Na maioria dos casos, as pessoas extrovertidas são mais propensas a desistir da meditação da atenção plena do que os introvertidos, porque estar sozinho parece esgotar sua energia. Se você considera que este é o seu caso, então a melhor solução é encontrar um grupo de pessoas que compartilhe da mesma paixão e dedicação à meditação como você. Pesquise online por grupos de meditação nas proximidades em sua área. Você pode até organizar um, se não houver nenhum. Mesmo as reuniões semanais de um grupo

de meditação mindfulness podem realmente fazer uma grande diferença na sua rotina.

*MANTENHA UM DIÁRIO DE MEDITAÇÃO*

Aqueles que gostam de escrever acharão que manter um diário de meditação os encorajará a meditar com mais frequência. Algumas das percepções que você pode obter com a meditação mindfulness são bastante profundas, por isso, ajuda refletir sobre elas após a sessão. O diário também pode ajudá-lo a criar um senso de autoconsciência, porque você estará escrevendo seus próprios pensamentos. Como o seu diário contém todos os sentimentos e experiências passados que você teve em relação à meditação mindfulness, você pode ler suas anotações anteriores e observar como progrediu. Você não precisa fazer longas registros para manter um diário de meditação. Você pode, também, mantê-lo tão simples quanto o seguinte exemplo: 22/10/2016: meditação de respiração consciente por 10 minutos no meu canto de meditação. Tive que me forçar a meditar, mas minutos depois da sessão esqueci como estava inquieto e consegui manter meu foco. Senti-me relaxado e calmo durante toda a sessão. Além de todas essas dicas, há muitas outras maneiras criativas de se manter motivado. Você pode até descobrir outras estratégias à medida que continua meditando a cada dia. O que importa é que você enxergue o mindfulness como uma parte essencial da sua vida, porque quando você faz a sua mente encontrará maneiras de transformar a meditação em um hábito.

## CONCLUSÃO

Em resumo, agora você pode ver como o mindfulness é definido pela tradição e pela ciência. Você adquiriu conhecimento dos benefícios que pode obter da prática da meditação mindfulness todos os dias. Você também adquiriu as etapas e estratégias de como praticar suas diferentes formas e, com sorte, ficará motivado a praticá-la diariamente. Agora que você chegou ao fim deste livro, esperamos que ele tenha ajudado você a construir uma base sólida para iniciar o hábito da meditação mindfulness ao longo da vida. Depende de você como pretende usar o conhecimento adquirido para viver uma vida realmente significativa. Em essência, o mindfulness é para lhe mostrar que a vida é o que você faz dela. Através da meditação, você perceberá que os pensamentos em sua mente são tão temporários quanto os eventos que acontecem em seu mundo. Reserve tempo para praticá-la todos os dias, para que você possa cultivar uma mente aberta, gentil e grata. Dessa forma, a sua atenção positiva lhe permitirá viver uma vida que você realmente ama.

www.ingramcontent.com/pod-product-compliance
Lightning Source LLC
Chambersburg PA
CBHW071850070526
44583CB00016B/1628